東方選書

中国語とはどのような言語か

橋本陽介　著

東方書店

まえがき

　中国語は、歴史的に見て日本にとって最も縁の深い外国語であるし、現在、日本でもっとも耳にしたり目にしたりすることの多い外国語でもあろう。学習者の数も、英語の次に多いのではないか。

　歴史的な接触の多さから、日本語と中国語は語彙の面で多くの共通する語を使用している。しかし文法の面から見ると、両者はまったく別の言語であると言っていい。英語とも大きく異なる言語であり、言語学的な観点からも興味深い点が多々ある。

　中国語とはどのような言語なのだろうか。少なくない研究が積み重ねられてきている。個別のテーマからすると、優れたものも多い。しかし近年、その全体像を提示するような一般書籍がしばらく出ていない。本書は主に中国語の文法について、その全体像を提示しつつ、中国語学への導入を行おうとするものである。本書を読めば、中国語学でどのようなことがトピックとなってきたかがわかる。

　学習者の多くが気にかかるが、学習書にはそれほど解説のない事項を多く取り上げ、わかりやすくその謎を解くことも同時に行っていく。すでにある研究のほか、私自身の研究成果もふんだんに記述に取り入れている。

　本書を出発点にして、さらに中国語について学べるように、適宜読書案内も付す。本書をきっかけに、中国語学を芋づる式に学習していけるようにも設計している。

　言葉は面白い。中国語も面白い。日本語や英語だけ見ていてはわからない面白さが、そこにはたくさんある。中国語がどのような言語か知りたい人、すでに学習中の人、言語学的な研究を志す人、研究者の人、

とにかく中国語に触れたことがある人には、ぜひとも本書を読んでもらいたい。どの段階にある人でも、新たな発見があることを保証する。

目次

第一章

基本文法

本章では、現代中国語の基本的な文法を紹介していくことにする。

　まずは、文の構造から見ていこう。現代中国語は述語の観点から見ると、次の三つに分けることができる。

①名詞が述語になる文

　　我是日本人。Wǒ shì Rìběnrén.
　　（私は日本人です。）

　　你是美国人。Nǐ shì Měiguórén.
　　（あなたはアメリカ人です。）

　　他是法国人。Tā shì Fǎguórén.
　　（彼はフランス人です。）

　まずは「AはBだ」の形で、名詞が述語になるもの。この場合、中国語では"A是B（Bは名詞）"の形になる。古文（いわゆる漢文）では、単純に「A、B」と言ったり、文末に"也 yě"を使って、「A、B 也」としたり、「阿父者、范増也（阿父とは、范増である）」のように「A 者、B也」のような形式を使っていたが、現代では"是"を be 動詞のように使用するようになった。"我是日本人。"なら、「私は日本人です。」となる。

　中国語学では"是"を動詞に分類しているため、"A是B"は動詞述語文とされているが、叙述の類型から言えば名詞を述語にしているものである。"是"の用法について詳しくは第七章を参照してほしい。

②動詞が述語になる文

　　我学习汉语。Wǒ xuéxí Hànyǔ.
　　（私は中国語を勉強する。）

　　你去图书馆。Nǐ qù túshūguǎn.
　　（あなたは図書館に行く。）

　　中国語の基本語順は英語などと同様、SVO である。"我学习汉语。"であれば、主語（S）は"我（私）"、動詞（V）が"学习"、目的語（O）が"汉语"なので、「私は中国語を勉強する」の意味となる。"你去图书馆。"は主語が"你（あなた）"、動詞が"去（行く）"、目的語が"图书馆（図書館）"である。なお、現代中国語では"去"は「行く」の意味に変化している。

③形容詞が述語になる文

　　北京大学很大。Běijīng dàxué hěn dà.
　　（北京大学は大きい。）

　　美国人非常多。Měiguórén fēicháng duō.
　　（アメリカ人は非常に多い。）

　　法国菜比较好吃。Fǎguócài bǐjiào hǎochī.
　　（フランス料理はわりとおいしい。）

　　三つ目の基本構文は述語が形容詞になるパターンである。英語では述語が名詞のときと形容詞のときではどちらも be 動詞を使うが、中国語では"是"を使うのは名詞が述語になる場合だけで、形容詞のときには必要がない。「北京大学は大きい」は、単純に"北京大学大。"

と言ってもよいが、この場合、何かと比較して「大きい」のニュアンスが生じる。

　形容詞述語文の場合、現代語では主語と形容詞の間に、何か副詞を置くのが普通になっている。おそらく、主語と形容詞だけでは短すぎて間に何か挟みたくなったのだろう。"很"は本来「とても」の意味なので、"北京大学很大。"は「北京大学はとても大きい」の意味になりそうだが、「間に挟むために置いている」だけなので、強く読まなければ「とても」の意味はほとんど出ない。

　積極的に「とても」の意味を表したければ、"非常（とても）"などを使用する。"美国人非常多。"は、「アメリカ人は非常に多い。」の意味である。次の"法国菜"はフランス料理のこと。"好吃"は「おいしい」の意味。間にある"比較"は、「比較的、わりと」の意味である。初級の授業では"很"を入れた例文で練習させることが多いが、実際の口語では"比較"をよく使う。程度が高いでも低いでもない「わりと」は便利な言葉なのだ。

◈ 人称代名詞

　人称代名詞が出てきたので、ここで人称代名詞についても見ておこう。一人称は現代語では「我」のみを使用する。春秋戦国時代では、「我」と「吾」が使われるが、「吾」は主に主語として使われるか、「私の」の意味で使われ、目的語では使われない。「我」は目的語に使われることが多いが、主語にも使用されており、その使い分けについては以前から議論になっている（この問題の新しい研究として、市原靖久「上古中国語の一人称代名詞"我"と"吾"について」を参照）。

　皇帝専用の一人称に「朕」がある。秦の始皇帝がそう定めたのだが、

始皇帝が初めて作った一人称というわけではない。甲骨文や金文でも使われているが、始皇帝の時代にはすでに古めかしい語となっていたようだ。古めかしい言葉を使うと、いかめしい印象になるのは、今も昔も同じなのだろう（西山猛『漢語史における指示詞と人称詞』などを参照）。

　二人称は"你 nǐ"という。「ニーハオ（"你好 Nǐ hǎo"）」の「ニー」である。"你"は古典では見かけない。古典では「汝 nu」「若 nok」「而 noi」「乃 nai」「爾 nei」などが使われる。漢文訓読では「なんじ」と読む字である。これらを古代の中国語音で読むと、すべて n から始まっており、これらが"你"になったと思われる（発音表記は、森博達「擬音語と音韻史」による）。また、二人称"您 nín"にすると、丁寧になる。これは"你们 nǐmen"が縮まった形で、清代末期から使われるようになった。

　三人称は男性の場合"他 tā"、女性の場合は"她 tā"、人間以外の場合には"它 tā"と書くが、発音はすべて同じである。というより、もともと三人称代名詞は一つであり、外国語の影響を受けて漢字だけ 1920 年ころから書き分けることになった。魯迅の作品を見ると、「彼女」の意味で"伊 yī"を使っているものがある。これは上海などの方言であるが、女性の三人称を表す言葉として、"他"とは異なる音声をもつ語を使おうという意識があったようだ（が、定着はしなかった）。三人称代名詞"她"の定着を巡っては、黄興濤『「她」という字の文化史』が日本語で読める。

　指示詞は、"这 zhè（これ）"と"那 nà（あれ）"の二つで、日本語のように「これ、それ、あれ」の三分割ではない。このため、中国語話者にとって日本語の「それ」を完璧に使いこなすのは上級者でも難しい。日本人が中国語の"这""那"を使いこなすのはそれほど難しくない。なお、"这"も"那"も、漢文ではあまり見かけないようだが、実際に

は唐代には出現しているので、歴史は古い。"这"は、発音も意味も近い"之 zhī"から変わったものではないかと見る説があるが、はっきりしない。

◈ **否定と疑問**

你学习汉语吗? Nǐ xuéxí Hànyǔ ma?
（あなたは中国語を勉強しますか?）

你是中国人吗? Nǐ shì Zhōngguórén ma?
（あなたは中国人ですか?）

美国人（很）多吗? Měiguórén (hěn) duō ma?
（アメリカ人は（とても）多いですか?）

　日本語の疑問文は、最後の「～ですか?」のように、「か?」がつく。中国語も、文末に疑問の標識"吗"をつければ、疑問文になる。形容詞が述語になる場合、"很"のような副詞を必ずつけることを見たが、疑問文になるとその縛りはなくなる。"很"をつけた場合、本来の意味である「とても」が復活する。

　英語の疑問文では、一般動詞が使われる場合には do が文頭に付加され、be 動詞の場合には語順をひっくり返す。ドイツ語では一般動詞の場合でも主語と動詞を転倒させる。つまり、疑問の標識が先頭に来ている。疑問の標識は、文の頭か最後につけるのがわかりやすいのだろう。

　次に否定形を見てみよう。

我不学习汉语。Wǒ bù xuéxí Hànyǔ.
(私は中国語を勉強しません。)

我不是日本人。Wǒ bú shì Rìběnrén.
(私は日本人ではない。)

法国菜不好吃。Fǎguócài bù hǎochī.
(フランス料理はおいしくない。)

　否定文を作るには、このように"不"をつければいい。なお、中国語には「（料理が）まずい」に直接相当する言葉がなく、「おいしい」の否定形である"不好吃"が使用される。日本語の「おいしくない」もそうだが、積極的に「まずい」の意味になる（主語をフランス料理にした例文を作ったが、本気でそう思っているわけではない）。

　中国語では"吗"をつける代わりに、もう一つ疑問文を作る方法がある。動詞の肯定形と否定形を重ねる形である。

你去不去? Nǐ qù bu qù?
(あなたは行きますか？)

日本人多不多? Rìběnrén duō bu duō?
(日本人は多いですか？)

　これは直訳すれば、「あなたは行きますか、行きませんか？」「日本人は多いですか、多くないですか？」と言っていることになる。まどろっこしいようだが、中国語の動詞は一音節が多いので、繰り返しても長くならない。

　このような疑問文はイエス・ノー疑問文などと呼ばれることがあるが、

中国語にはイエス、ノーに直接相当する言葉がない。では疑問にどうこたえるのかというと、述語を繰り返す。"你学习汉语吗?（あなたは中国語を勉強しますか?）"と問われたら、答えは"学习（勉強する）"か"不学习（勉強しない）"になる。

"吗"は漢文には出てこない。王力は、この語について、もともとは「無」という語から変化したのではないかとしている（《汉语史稿》）。例えば、白居易の「送銭員外」に、次のような句がある。

晩来天欲雪、能飲一杯無。
（夕方になって雪が降りそうになっている、一杯飲まないか?）

「一杯飲む」と言ってから、最後に否定の「無」をつけている。このように、肯定形式の文の最後に否定を重ねることで疑問を表していたのが、やがて"吗"になったのかもしれない。

◆ 疑問詞疑問文
疑問詞を使う疑問文の作り方は、英語とは異なる。英語では why や what などの疑問詞が文頭に移動するが、中国語では移動しない。目的語を聞きたければ目的語、主語を聞きたければ主語、修飾語の部分が聞きたければ修飾語が疑問詞になる。

你去哪儿? Nǐ qù nǎr?
（あなたはどこに行きますか?）

谁是日本人? Shéi shì Rìběnrén?
（誰が日本人ですか?）

你吃什么? Nǐ chī shénme?
（あなたは何を食べますか？）

你要哪个? Nǐ yào nǎge?
（あなたはどれが欲しいですか？）

你什么时候去? Nǐ shénme shíhou qù?
（あなたはいつ行きますか？）

你为什么学习汉语? Nǐ wèi shéme xuéxí Hànyǔ?
（あなたはなぜ中国語を勉強するのですか？）

你怎么学习汉语? Nǐ zěnme xuéxí Hànyǔ?
（あなたはどうやって中国語を勉強するのですか？）

　"哪儿" は「どこ」の意味。「〜に行く」は "去〜" なので、「〜」の部分に "哪儿" を入れると "你去哪儿?（あなたはどこに行きますか？）"となる。「誰が日本人ですか？」では、わからないのは主語の「誰が」なので、その部分を "谁" にすればいい。「何」にあたるのが "什么"。「何を食べますか？」なら、「何を」は目的語なので、"你吃什么?" となる。同様に、「どれ」は "哪个" となる。
　「いつ」は "什么时候"。「いつ行く？」なら、「いつ」は「行く」にかかる修飾語扱いになる。中国語では修飾語は常に前から後ろを修飾するので、"你什么时候去?" となる。"为什么" の "为" は「為」の字なので、「何のため」という語の構成になっている。これで「なぜ」を表せる。「どうやって」は "怎么" である。
　疑問詞は "谁" を除くと、日本人にとってはなじみのない漢字が使われている。このうち、"什么" は、少なくとも宋代くらいには使われていた。口語としてはもっと古く、一説によると8世紀ころから使われてい

たらしい。敦煌資料に「是没」「是物」「是勿」などと書かれているのが、"什么"の来源とされる。木村英樹「現代漢語文法の史的性質——現代語文法と歴史文法の接点を探る」は、「是何物」が縮まった形ではないかとする。

"哪"の表記は20世紀になってから生まれたもので、それ以前は"那"と書いた。漢文でもときどき見かけるが、古くは漢代からある。王力は漢文で「いずくんぞ」と読む「安」や「悪」から変化したものかもしれないと書いているが、これも定かではない。

◈ 連体修飾語と連用修飾語

文章の骨格は第一に主語と述語である。主語と述語にもう一つ付け加えるなら、目的語になる（目的語は中国語学では「賓語」と呼ぶ。「貴賓」「来賓」などというように、「賓」とは「客」の意味である。目的語は英語で言えば object にあたるが、object は客体、客観などとも訳されることがあるように、日本でも「客語」と呼ばれることがあった）。

英語や中国語は SVO、日本語は SOV 言語などと言われるのも、基本骨格がこの三つだからである。しかし、主語と述語と目的語だけでは、ごく単純な文しか作ることができない。修飾語がつくことによって、より複雑にすることができる。

修飾語には、主に名詞を修飾する連体修飾語（中国語学では「定語」）と、動詞などを修飾する連用修飾語（中国語学では「状語」）がある。中国語の修飾語は、前から後ろにかかるのが原則である。まず、連体修飾に使う"的 de"の用法を見てみよう。"的"の基本的な意味は、次のように「～の」である。

这里的饺子很好吃。Zhèli de jiǎozi hěn hǎochī.
（ここの餃子はとてもおいしいです。）

那是中国的花茶。Nà shì Zhōngguó de huāchá.
（あれは中国のジャスミンティーです。）

"饺子很好吃。"なら、「餃子はおいしい。」だが、「餃子」に修飾語
"这里的（ここの）"をつけると"这里的饺子很好吃。"になる。次の
"那是"は「あれは」を表す。"那是花茶"なら、「あれはジャスミン
ティーだ」だが、修飾語「中国の」をつけると、"那是中国的花茶。"
となる（なお、「餃子」を「ギョーザ」と発音するのは、山東省の方言とする説が一
般的。岩間一弘編著『中国料理と近現代日本　食と嗜好の文化交流史』によると、
戦前は「チョーツ」「チャオツ」などと呼ばれていたという）。

さらに"的"は連体修飾語を作るのに広く使うことができる。

这是老师写的书。Zhè shì lǎoshī xiě de shū.
（これは先生が書いた本です。）

我买老师写的书。Wǒ mǎi lǎoshī xiě de shū.
（私は先生が書いた本を買う。）

我买的花很红。Wǒ mǎi de huā hěn hóng.
（私が買った花は赤い。）

"老师写"とすると、"老师（先生）"が主語で、"写（書く）"が動詞
なので、「先生が書く」になる。これを「先生が書いた本」と「本」の
修飾語に変える場合、"老师写"に"的"をつけて、"老师写的书"に
なる。「これは先生が書いた本です。」ならば、"这是老师写的书。"で

ある。

　中国語は SVO なので、「私は本を買う」であれば、"我买书"となるが、これに連体修飾語"老师写的"をつけると、"我买老师写的书。"になる。"花很红"「花は赤い」に、「私が買った」をつけると、"我买的花很红。"になる。

　一方、動詞や形容詞を修飾するものを連用修飾語という。"我买的花很红。"の"很"は述語の形容詞"红"を修飾する連用修飾語であり、品詞としては副詞である。この"很"を"非常"に変えれば「とても」、"比较"に変えれば「わりと」になるのであった。

　このように、中国語では修飾語が前から後ろを修飾する。これは英語で言えば関係代名詞を使うような、長い修飾語になっても同様である。SVO の語順を取る言語では、後ろから前を修飾するのが普通で、特に長い修飾語が前につく言語は非常に少ない（刘丹青编《名词性短语的类型学研究》、日本語訳あり）。この点については第八章で詳しく述べる。

◈ 時間・場所と前置詞句

　この世のあらゆる存在は時間と空間の中にある。よって、述語の動作や状態などが、「いつ、どこで」のものなのかが言語では表される。中国語では「時間、場所」を表す語は、動詞よりも前に置かれるので、英語よりも日本語に近い。

　　我明天去学校。Wǒ míngtiān qù xuéxiào.
　　（私は明日学校に行く。）

　"我去学校（私は学校に行く）"に、時間を表す語"明天（明日）"を

加えると、それは動詞よりも前に置くので、"我明天去学校"となる。英語なら、同じことを言うのに、I will go to school tomorrow.となるように、時間を表す修飾語も動詞よりも後ろにつく。

　場所を表す語句も同様に動詞よりも前に置く。英語ならば、I study Chinese in Japan.だとか、on the tableのように、前置詞句を使う。中国語でも、「〜で」を表すには前置詞の"在 zài"を使用する（なお、中国語学では前置詞のことを「介詞」と呼ぶ）。語順は次のようになる。

　　我在日本学汉语。Wǒ zài Rìběn xué Hànyǔ.
　　（私は日本で中国語を勉強する。）

　このように、中国語の前置詞句は動詞の前につく。よって「私は日本で中国語を勉強する」ならば"我在日本学汉语"となる。他の前置詞の例を見てみよう。

　　我给他买一本书。Wǒ gěi tā mǎi yì běn shū.
　　（私は彼に本を買ってあげる。）

　　我跟他学习。Wǒ gēn tā xuéxí.
　　（私は彼と勉強する。）

　　我从日本去。Wǒ cóng Rìběn qù.
　　（私は日本から行く。）

　　我到美国去。Wǒ dào Měiguó qù.
　　（私はアメリカまで行く。）

　「〜に」は"给"を使う。「〜と」は"跟"、「〜から」は"从〔從〕"、

「～まで」は"到"である。前置詞句はすべて、動詞よりも前に置かれていることがわかるだろう。もちろん、これらの複数の前置詞句を並べて"我跟他从日本到美国去（私は彼と日本からアメリカまで行く）"と言うこともできる。

修飾語は時間→場所→その他の前置詞句の順番に並んでいくことが多い。

> 我 今天 在学校 跟他 打棒球。
> Wǒ jīntiān zài xuéxiào gēn tā dǎ bàngqiú.
> （私は今日学校で彼と野球をする。）
> （主語＋時間＋場所＋前置詞句＋動詞句）

とはいえ、この語順を覚える必要は特にない。なぜなら修飾語、前置詞の並び方は日本語とほぼ同じなので、日本語の感覚通りに並べればよい。「時空間」という言い方があるが、どうやら言葉の上では時間の中に空間が包摂されているようである。ただし、「三年前」「三年後」の「前」「後」のように、時間の言い方は空間の言い方を転用して表すのが普通である。中国語では、「前」「後」以外にも、"上 shàng"が過去を表し、"下 xià"が未来を表しており、「先週」は"上个星期 shàng ge xīngqi"と言う。空間の上下関係も時間を表す表現として使っているわけである（時間を言語でどのように表しているかについては瀬戸賢一『時間の言語学　メタファーから読みとく』、木村英樹「中国語時間詞の空間性――〈過去〉と〈未来〉の空間メタファー」を参照）。

なお、古文では前置詞が述語の前にも後にも出てくる。例えば、「良薬は口に苦し」は「良藥苦於口」であり、述語の「苦」の後ろに前置詞「於」が置かれている。現代中国語でも"住在日本 zhùzài Rìběn

（日本に住む）""卖给他 màigěi tā" のように、動詞の後ろに前置詞のようなものが置かれることがあるが、これらは前置詞とは見なさないのが一般的である（→第五章）。

◈ **前置詞と文法化**

　英語の学校文法には、五文型なる概念があった。その中に、SVO、SVOO、SVOC の文型があった。英語でなぜ文型が重要かというと、語順で意味を表すからである。このうち、SVOO の文型は、I give him a book.（私は彼に1冊の本をあげる）のように、動詞の後に「～に」（間接目的語）、「～を」（直接目的語）がくる形であった。

　日本語ではこの語順を入れ替えて「1冊の本を彼に私はあげる」のように言ってもよい。「は（が）、を、に」などの助詞が意味を担っているから、述語が最後に置かれる点を除けば、語順は比較的自由になる。

　中国語は SVO の語順を取る言語だが、英語の SVOO と同じ文型も存在しており、一部の動詞は目的語を二つ取ることができる。

　　我给他一本书。Wǒ gěi tā yì běn shū.
　　（私は彼に1冊の本をあげる。）

　　张老师教我汉语。Zhāng lǎoshī jiāo wǒ Hànyǔ.
　　（張先生は私に中国語を教える。）

　　我告诉他一件事。Wǒ gàosu tā yí jiàn shì.
　　（私は彼に一つのことを告げる。）

　"给（あげる）" は目的語を二つ取れる動詞で、"他（彼に）""一本书（1冊の本を）" が後続している。SVOO の構造である。次の "教（教え

る）”も「〜に〜を教える」とSVOOで表すことができる。“告诉（告げる、言う）”もこの構文でよく使うもので、英語で言えばtellに当たる。

　同じく「言う、話す」を表す動詞に、“说 shuō”がある。こちらは、「〜に」という目的語を取れない動詞なので、「私は彼に言う」の意味で“我说他”とは言えない。ではどうするのかというと、前置詞“跟”を使って、“我跟他说（私は彼に話す）”と言う。“跟”は「〜と」を表す前置詞だが、動詞が“说”の場合、日本語では「〜に話す」に近い。

　さて、“给”は動詞として使われると「あげる」の意味だが、前置詞として使われると「〜に」の意味になるとした。“给”は本来は動詞であったものが、徐々にその意味を薄めて前置詞として使用されるようになったのである。日本語でも「本を読んであげる」の「あげる」は、べつに読んだ後その本を誰かにあげるわけではない。動詞としての「あげる」から、「他の人の利益になるようなことをする」ことを表すように変化しているのである。このように、本来の意味から、文法的な機能を表すようになることを文法化と呼ぶ。

　“我给他买一本书。（私は彼に本を買ってあげる。）”の“给”の用法も、日本語の「〜してあげる」に似た変化をしたと思われる。「〜に〜をあげる」の「〜を」が具体的な事物から、「買ってあげる」のように行為に変化したのである。“给”にはまだ「てあげる」のニュアンスが残っており、完全にもともとの動詞の意味を失ったわけではない。

　「〜で」を表す“在”も同様に動詞から文法化したものであり、中国語で前置詞とされているものは基本的にもともと動詞である。動詞としての“在”は、「〜にある、いる」を表す。“他在图书馆 tā zài túshūguǎn”なら、「彼は図書館にいる」の意味。“他在图书馆看书 tā zài túshūguǎn kàn shū”と言ったら、「彼は図書館で本を読む」の意味に

なる。"在"にはまだ「〜にいる、ある」の意味が比較的強く残っている。これについても詳しくは第五章で再度あつかう。

　「文法化」は、中国語学では「虚化」とも言う。これは、古来より中国では動詞や名詞など、実体的な概念を表す語を「実詞」とよび、助詞のようなものを「虚詞」と呼んできたことに由来している。

◈**読書案内**

　文法化については、日本語でも英語でも多くの研究がなされている。ホッパー＆トラウゴット『文法化』(日野資成訳、九州大学出版会、2003年) が基本書籍となっている。日本語で読めるものとしては、戸内俊介『先秦の機能語の史的発展──上古中国語文法化研究序説』(研文出版、2018年) に中国語の文法化の説明がある。中国語書籍では石毓智《语法化的动因与机制》(北京大学出版社、2006年) や、石毓智《语法化理论：基于汉语发展的历史》(上海外语教育出版社、2011年) が詳しい。

◈ **動詞が二つ以上出てくる文**

　"他在图书馆看书"の"在"には動詞の意味が残っているように感じられるとした。だがもしこれが動詞だとすると、一つの文の中に二つ動詞があることになる。英語の文法では、「一つの文には動詞が一つ」と教わった。実際、動詞が二つあるように見えても、to 不定詞が使われたり、ing がつけられて動名詞になったりする。

しかし、中国語では一つの文に動詞が二つ以上出てくることは珍しくない。不定詞や動名詞のように、形を変化させることは不要である。

　　我去吃饭。Wǒ qù chīfàn.
　　（私はご飯を食べに行く。）

　　我去图书馆看书。Wǒ qù túshūguǎn kàn shū.
　　（私は図書館に行って本を読む。）

　「ご飯を食べに行く」と言いたいときには、中国語では"去吃饭"と言う。"去（行く）"に"吃饭（ご飯を食べる）"を続けただけである。このように、中国語では動詞句が連続で並ぶことが多い。語順としては、行われる順序に並べる。「食べに行く」なら、「行く」動作を行った後で「食べる」わけだから、"去吃饭"の語順になるのである。これを時間順序原則と呼ぶ（ただし、例外もある）。
　"去吃饭"では、最初の動詞"去"に目的語はついていないが、もちろんついている場合もある。2番目の例文はそれにあたる。"我去图书馆看书。"は、"去图书馆"が「図書館に行く」を表し、次の"看书"が「本を読む」になっている。
　また、次のような構造も取れる。

　　我喜欢〔歡〕喝绿茶。Wǒ xǐhuan hē lǜchá.
　　（私は緑茶を飲むのが好きだ。）

　　我觉得他马上来。Wǒ juéde tā mǎshàng lái.
　　（私は、彼がもうすぐ来ると思う。）

一つ目の例文は、英語なら I like to drink green tea. というように、不定詞を取るところだろうが、中国語では like にあたる"喜欢"が直接 drink green tea を従えることができるので、"我喜欢喝绿茶。"と言うことができる（"喝"は「飲む」）。

また、目的語として文を取ることもできる。"我觉得"は「私は〜と思う」の意味である。英語なら、I think that 〜のように、that 節を取って、後ろに文を持ってこられるが、中国語で that のようなものは必要ないので、文を直接続けられる。"他马上来"は「彼はもうすぐ来る」の意味なので、全体で「私は、彼がもうすぐ来ると思う。」になる。

なお、日本語の感覚では、「私は緑茶が好きだ」なら、"我喜欢绿茶"だけでよさそうなのだが、中国語ではなぜか"我喜欢喝绿茶（私は緑茶を飲むのが好きだ）"と具体的に言うことが多い。

日本語と比較すると、中国語は動詞句優先の言語である（→第五章）。連動文についても第五章で詳しくあつかう。

◈ 能願動詞

英語には助動詞として、can, should, may などがあるのだった。これらの助動詞の後には、動詞の原形を使うのであった。中国語にも英語の助動詞と似た働きをするものがある。ただし、動詞が形を変えることはないので、"我喜欢喝绿茶""我觉得他马上来"などと形としてはあまりかわらない。能力を表したり、願望を表したりするものが多いので能願動詞と呼ばれている。

まず、願望や義務を表すものから見てみよう。

我 要/想 喝茶。Wǒ yào / xiǎng hē chá.
（私はお茶を飲みたい。）

你要去图书馆学习。Nǐ yào qù túshūguǎn xuéxí.
（あなたは図書館に行って勉強しなければならない。）

　「～したい」は"要"か"想"を使う。"想"のほうは、「～したいなあ」くらいで、それほど強い願望ではない。"要"は必要の要を使うくらいなので、もっと差し迫っている。「～したい」と同時に、「～しなければならない」も表せる。強い願望や、差し迫ってしなければならないことを表す。

你应该学习汉语。Nǐ yīnggāi xuéxí Hànyǔ.
（あなたは中国語を勉強するべきだ。）

他会来的。Tā huì lái de.
（彼は来るかもしれない。）

　"应该"は、「～するべきだ」の意味なので、英語で言えば should にあたる。"会"は、しばしば文末に"的"をともなって、「～かもしれない」という可能性を表す。
　「～できる」という可能を表す言い方は3種類ある。

我会说汉语。Wǒ huì shuō Hànyǔ.
（私は中国語を話せる。）

今天我能参加。Jīntiān wǒ néng cānjiā.
（今日、私は参加できる。）

你可以喝酒。Nǐ kěyǐ hē jiǔ.
(あなたはお酒を飲んでもいい。)

　"会"は、「会得」の「会」と考えるといい。後天的に身につけた技能について、「できる」という時に用いる。「～語を話せる」は技能の問題と考えるらしく、"会"を使うので、"我会说汉语。"と言う(チョムスキーが怒りそうだが)。同様に、車の運転ができるのであれば、"我会开车。Wǒ huì kāichē."となる。運転する技術さえあれば、貧乏で車を持っていなくても、お酒をしこたま飲んだ後でも、"我会开车。"と言うことは可能である(お酒をしこたま飲んだ人の言うことは聞いてはいけないかもしれないが)。私は車の運転免許を持っているので、"我会开车"ではあるが、国際免許は持っていないので、"在中国，我不能开车 Zài Zhōngguó, wǒ bù néng kāichē(中国では、私は運転できない)"である。

　"能"はもっとも一般的な「できる」を表すが、条件等が許して「できる」の意味で使われることが多い。"今天我能开车"であれば、運転する車が用意されており、時間もある、ということである。「お酒の後では車を運転できない」は、"酒后，不能开车"となる。疑問形式を取った場合、"能"は丁寧な依頼表現になりやすい。"你能做饭吗? Nǐ néng zuò fàn ma?"だと、"做饭"が「ごはんを作る」の意味なので、直接的な意味は「あなたはごはんを作れますか?」であるが、「ごはんを作ってくれますか」の意味にもなる。料理する技術があるかどうかを聞いているのではなく、時間があるとか、気持ちの余裕があるとか、そういう条件が許してごはんが作れるかどうかを聞くのである。

　"可以"は許可されて「できる」の意味なので、「～してもいい」と訳すこともできる。"你可以喝酒"だと、「あなたはお酒を飲んでもいい」、

"你可以回家 Nǐ kěyǐ huíjiā" だと、「あなたは家に帰ってもいい」の意味になる。

　以上の説明が、最初に抑えるべき点であるが、実際にはもう少し複雑な使い分けがある。"会"は、後天的に身につけた技能としてできるかできないかを表すが、どの程度できればいいかというと、基本的には初歩をクリアできればいいらしい。つまり免許取りたてのあぶなっかしい状態であっても、"他会开车"と言ってかまわない。"他能开车"も技能として「運転できる」を表すこともあって、その場合にはかなりの運転技術を持っている印象になる。

　また、相原茂『読む中国語文法』によれば"会说汉语（中国語を話せる）""会写汉字（漢字を書ける）"とは言えるのに、なぜか"会听中文广播（中国語の放送を聴ける）""会看中文报（中国語の新聞を読める）"とは言えず、"能"しか使えない。ということは"会"は、できることが外側に現れている（つまり客観的に観察可能）必要があるのだという。確かに中国語の放送が聞き取れるかどうかは、本人以外には観察できない。

　この他、細かな違いについては、上述の書籍を参照のこと。

◈ **量詞**

　英語では数詞が名詞の前に直接おかれるので、「1匹の犬」であれば one dog となる。日本語では、犬を数える「匹」という単位が必要になる。中国語も日本語と同じで、ものを数える単位がある。これを中国語文法では「量詞」と呼ぶ。

　一个人 yí ge rén（1人の人）／一本书 yì běn shū（1冊の本）
　两瓶可乐 liǎng píng kělè（2本のコーラ）

人間を数える時には"个（箇の簡体字）"を使う。"一个人"なら「1人の人」という意味を表す。量詞は様々あるが、中でもこの"个"が最もよく使われる。「箇」に竹冠がついていることからもわかる通り、もともとは竹を数える単位であった。なお、日本でも「一か月」を「一ケ月」と書くことがあるが、これは「箇」の字の略体である。

本や辞典などを数える時には"本"を使う。"一本书"ならば、"一本"が「1冊」を表し、"书〔書〕"が本を表す。コーラ、お茶など、瓶やペットボトルに入っているものは、"瓶"で数える。なお、数字の「二」は通常は"二"だが、量詞の前では、常に"两"を使う。「2人の人」ならば、"两个人"である。"两"の字は「両目」「両足」のように、本来はペアになっているもののことだが、漢代から混用されはじめていたという。

日本語と似た感覚のものもあれば、微妙にずれたものもある。コップで飲むものは"一杯茶 yì bēi chá（1杯のお茶）""一杯啤酒 yì bēi píjiǔ（1杯のビール）"と「杯」で数える。日本語の「1杯、2杯」は、コップで飲むものだけでなく、おわんやどんぶりで食べるもの、例えば「1杯のかけそば」「1杯のごはん」のようにも言うが、こうしたものは中国語は"杯"では数えず、"碗 wǎn"で数えるので、「1杯のごはん」なら、"一碗饭 yì wǎn fàn"となる。

日本語とは異なる量詞の使い方もある。例えば動物の場合、馬は"匹 pǐ"、牛は"头 tóu〔頭〕"で数えるのは日本語と同じだが、猫や鶏などの小型動物は"只 zhī〔隻〕"で数える。しかし犬は"条 tiáo"で数える。"条"は、他には"路 lù（道）""鱼 yú（魚）""河 hé（河）"などがあり、細長いものを数えるときに使う。だが、最近は犬も猫と同様"只"で数えられることも多い。そもそも、『水滸伝』などの古典でも

"只"で数えられている。

◈「犬を3匹飼っている」と「3匹の犬を飼っている」

　量詞は「類別詞」とも呼ばれる。日本語も類別詞を持っているが、韓国語にもベトナム語にもタイ語にもあるので、東アジアでは珍しいものではない。ところで、日本語では次のような言い方がある。

　　犬を3匹飼っている。
　　3匹の犬を飼っている。

　どちらも日本語として的確であるが、後者は「数字＋類別詞」が「犬」に直接ついているのに対して、前者は「犬」ではなく、「飼っている」のほうについている。英語中心主義の人は、前者を「数量詞遊離構文」などと呼んでいる。本来、数詞は数える対象である名詞につくはずなのに、それから遊離しているというのである。

　数字は名詞についているのではなくて、類別詞についているのだから、「数量詞遊離」などというのはそもそもおかしいと思うのはさておくとして、認知言語学では「犬を3匹飼っている」のような表現は、「数えること」という認知的な操作に由来しているのではないか、と考えている。数えるから動詞の修飾語になっているのだという。

　中国語も、現代語では"三条狗 sān tiáo gǒu"のように、名詞の前に「数詞＋類別詞」がつくが、大昔の語順では「布一尺」「車一両」のように、「数詞＋類別詞」のほうが後ろ側についた。この場合にも、「布が1尺ある」「車が1両ある」のように、「布」を認知した上で、それを数える操作を行う表現だったと思われる。このような表現が定式化する

過程で、語順が逆転した。「数詞＋類別詞」が名詞の前につく語順は、唐代くらいから増えたという。

◈ **語気助詞**

　日本語でも、「もう10時だぞ」とか、「明日は火曜日だね」の「ぞ」や「ね」など、文末に助詞がつくことがある。こうした文末の助詞は、話し手の聞き手に対する気分を表すものである。「もう10時だぞ」で話し手は、「もう10時である」ことに、相手が気づいていないであろうと思って念を押している。逆に「明日は火曜日だね」では、相手もその情報を知っているだろうと思って確認している。

　中国語でも話し手の気持ちや、聞き手に対する働きかけを表す助詞が文末につく。このような助詞を中国語学では語気助詞と呼んでいる。代表的なものを見てみよう。まずは"吧 ba"を取り上げる。

　　我们学习汉语吧。Wǒmen xuéxí Hànyǔ ba.
　　（私たちは中国語を勉強しましょう。）

　　你去医院吧。Nǐ qù yīyuàn ba.
　　（あなたは病院に行きましょう。）

　　他是王老师吧。Tā shì Wáng lǎoshī ba.
　　（彼は王先生でしょう。）

　"吧"は様々な使い方のできる非常に便利な単語である。中国語でコミュニケーションを取るのに、必須の助詞だと言えよう。まず、例文のように、「あなたと私」で「～しよう」という勧誘を表す表現を作ることができる。"我们学习汉语吧。"だと、「私たちは中国語を勉強しよ

う。」の意味となる。また、相手に対して、軽い命令をするときにも使用することができる。「命令」とは言うものの、強い感じが弱まり、その行為を勧めているような語感になる。"你去医院吧。"は「病院に行きなよ。」とも訳せる。三つ目の用法として、「推測」が挙げられる。"他是王老师吧。"は、「彼は王先生でしょう。」と、話し手の主観からの推測を表している。推測したことを発話することは日常会話において非常に多いので、"吧"を使用することも非常に多い。

「勧誘、命令、推測」と書くと、なぜそんな異なるものを一つの助詞で表すのか、と思うかもしれないが、英語の shall とその変化形である should の用法も似ている。Shall we dance？と言えば「踊りましょう」という勧誘の意味を表せるし、you should dance. と言えば、「踊るべきだ」となり、軽い命令に近い意味を表せる。さらに It should be sunny. と言えば、「晴れのはずだ」と推測も表せる。としてみれば、中国語の "吧" がこれらの意味を一つの単語で表していることは奇妙ではない。日本語の古文における「べし」の用法も似ている。話し手の主観として「当然こうである」ということを聞き手に伝えているのである。

次に、"吧" と同様、非常によく使われる "呢 ne" を見てみよう。

你的书呢? Nǐ de shū ne?
（あなたの本は?）

你为什么不来呢? Nǐ wèi shéme bù lái ne?
（あなたはなぜ来ないの?）

时间还早呢! Shíjiān hái zǎo ne!
（時間はまだ早いじゃないか!）

初級文法で最初に習うことが多い"呢"は、"你的书呢?（あなたの本は?）"のように、「～は?」と相手に質問をする用法である。同様に、「ご飯は?」と聞きたければ"饭呢?"、「教科書は?」と聞きたければ"课本呢? Kèběn ne?"などと言えばよい。

　また、"呢"は疑問詞疑問文につけることができる。"你为什么不来?"だけでも、「あなたはなぜ来ないの?」の意味になる。では"呢"は何を表しているかというと、しいて言えば「来ないの?」の「の?」に近い働きをする。「いったいなんでだ?」というような感情を表すのである。"时间还早呢!"の"时间还早"は、「時間はまだ早い」というだけであるが、これに"呢"をつけると、「早いじゃないか!」というような気分が表される。総じて言えば、"呢"は聞き手に対して注意を喚起するような用いられ方をする。

　他にもよく使うものに"啊 a""哟 yo"などがある。台湾では、より多くの種類が使われているが、それほど大きな意味の違いはないようである。

◈ テンスとアスペクト

　中国語にはテンス（時制）を表す形が体系的には存在していない。英語などの言語では常に過去形か現在形かの選択を迫られるし、日本語でも文末を「た」にする場合としない場合の選択を迫られるが、中国語にはそうした形式がないのである。

　もちろん、中国語に時間の観念がないなどということはない。過去形（テンス）を表す形式はないが、完了を表す形式はある。それが"了 le"である。過去にある動作が一度行われたことを表すには、動詞の後に"了"をつけるのである。

我吃了三个饺子。Wǒ chīle sān ge jiǎozi.
（私は3個の餃子を食べた。）

昨天我买了很多书。Zuótiān wǒ mǎile hěn duō shū.
（昨日私はたくさんの本を買った。）

　"我吃三个饺子。"なら、「私は3個の餃子を食べる。」になるが、この文の動詞"吃"に"了"をつけると、「私は3個の餃子を食べた。」になる。同様に"我买很多书。"なら、「私はたくさん本を買う。」であるが、これに"了"をつけ、また"昨天"をつけ加えると、"昨天我买了很多书。（昨日私はたくさんの本を買った。）"となる。

　テンス（時制）とは、話している時点から見て現在であるか、過去であるか（それとも未来であるか）が基本的な対立である。過去形とは、話している時点から見て過去のことであればすべてその形になる。例えば、I ate an apple.（私はリンゴを食べた）も、I was a student last year.（私は去年学生だった）も、過去のことを表しているので過去形が取られている。

　一方の「完了」とは、テンスではなくアスペクトの概念である。アスペクトとは、日本語では「相」と訳されることがあるが、動作の段階がどこにあるのかが問題となる。基本的な対立は過去／非過去ではなく、完了／未完了である。例えばI was eating appleと言った場合、時制としては過去であるが、表されている動作の段階は「リンゴを食べていた」なので、過去のある時点において動作が継続していることを表している。つまり、アスペクト的には未完了である。I am eatingや、「私は食べている」は、テンスは現在（非過去）であり、アスペクトは未完了である。

　中国語は"了"を使うことによって動作の完了を表すことはできるが、

過去のことであっても、未完了の出来事であれば、"了"は使用しない。例えば

> 现在，我是个大学生。Xiànzài, wǒ shì ge dàxuéshēng.
> （今、私は大学生だ。）
>
> 三年前，我是个大学生。Sān nián qián, wǒ shì ge dàxuéshēng.
> （3年前、私は大学生だった。）
>
> 那时，我爱她。Nà shí, wǒ ài tā.
> （その時、私は彼女が好きだった。）

　"现在，我是个大学生。"は「今、私は大学生だ。」である。では3年前のことだったらどうだろうか。当然、テンスとしては過去である。ところが、中国語には過去形がないので、"三年前，我是个大学生。"となり、"我是个大学生。"の部分は変わらない（"个"はここでは「1人の」くらいの意味）。同様に、"那时，我爱她。（その時、私は彼女が好きだった。）"にも"了"は使われていない。過去の状態であるので、アスペクト的には完了を表していないからである。

　もちろん、過去のある時点で「好きではない状態→好き」になることもある。このような場合、変化が表されているわけなので、状態の継続ではない。そこで、「私は彼女のことを好きになった」は"我爱上了她 wǒ àishangle tā"と表現する。

　つまり、中国語では現在からみて過去なのか過去でないのかを義務的に表すことはない。そのかわり、何かが行われたかどうか、状態が変化したかどうかを表す形式はある、ということである。

　逆に、まだ起こっていないことでも"了"は使用可能である。例えば、

"吃了饭，我就回家 chīle fàn, wǒ jiù huíjiā（ご飯を食べたら、私は帰る）"などと言うことができる。この文で「ご飯を食べたら」は条件なのでまだ起きていない出来事であるが、ご飯を食べるという動作が完了したら、ということでこのように言うことができる。なお、日本語でも「ご飯を食べたら」と「た」を使っているが、「た」には過去の意味だけでなく完了の意味もある。古文では過去と完了を表す助動詞が「き、けり、つ、ぬ、たり、り」とたくさんあったのだが、「たり」から変化した「た」に一本化したため、様々な用法を「た」一つで行っているのである。

　完了の否定には"不"ではなく"没有 méiyou"、あるいは"没"を使用する。

　　我今天没吃饺子。Wǒ jīntiān méi chī jiǎozi.
　　（私は今日餃子を食べていない。）

　"没"を使う"我今天没吃饺子。"なら、「私は今日餃子を食べていない。」になる。この際、"了"はなくなってしまう。これを"我今天不吃饺子。"とすると、「私は今日餃子を食べない。」の意味になる。

　古文では、「有＋動詞句」で、何事かが実現することを表せた。

　　有使者出、乃入。（『春秋左氏伝』哀公十五年）
　　（使者が出てきたので、入った。）

　この文では「使者が出ることがある」が「使者が出た」の意味で使われている。「本がある」のように、何らかの物が有ることだけでなく、出来事が有ることも、表せたのである。南方の方言では、現代語でも

このような表現が残っていて、"有发烧吗? Yǒu fāshāo ma?（熱が出た?）"のように、使うことができるという。"没"は「無有」の縮まった形だという説がある。そうだとすると"没有"は「無有有」ということになってしまうが、「無有」であることが忘れられてしまったので、もう一つ「有」が追加されることになったのだろう。

なお、"没有"はもともと南方的な表現、"没"が北方的な表現だったという。南方出身の魯迅はほぼ"没有"を使っているが、北京出身の作家で有名な老舎はほぼ"没"を使っている。

◈ 進行と経験、持続

アスペクトとは動作の段階を言うものであった。英語には be 動詞+ing を使う進行形があるし、日本語にも「〜している」の形がある。中国語にももちろん、動作の進行を表す方法がある。

你在做什么呢? Nǐ zài zuò shénme ne?
（あなたは何をしていますか?）

我在吃早饭。Wǒ zài chī zǎofàn.
（私は朝食を食べています。）

我现在给你做饭。Wǒ xiànzài gěi nǐ zuò fàn.
（私はあなたに料理を作っています。）

現在進行中の動作を表すには、動詞の前に"在"をつける。また、文末によく"呢"もつける。前置詞句"给你"と"做饭"は結びつきが強いので、現在進行を表す"在"はその前におく。ただし、進行中であれば絶対に"在"をつけなければならないということではない。進

行中であることを特に表す場合の表現である。

　もうひとつ、"在"に似た働きをするものに、持続を表すアスペクト助詞の"着 zhe"がある。

　　［動作の持続を表すタイプ］

　　　她唱着歌。Tā chàngzhe gē.
　　　（彼女は歌を歌っている。）

　　　他们说着话呢。Tāmen shuōzhe huà ne.
　　　（彼らは話をしている。）

　　［動作結果の持続を表すタイプ］

　　　门开着。Mén kāizhe.
　　　（ドアが開いている。）

　　　他穿着毛衣。Tā chuānzhe máoyī.
　　　（彼はセーターを着ている。）

　一つ目の"着"は動詞について、その動作が持続中であることを表す。"唱歌"は「歌を歌う」なので、「歌う」を表す動詞"唱"のほうに"着"をつけると、"她唱着歌。"となる。このタイプの"着"は"在"を使った場合の進行形とよく似ていて、"她在唱歌。"と言うこともできる。「進行」と「持続」で何が違うのか、という話だが、"在"はまさにその動作の中にあるイメージであり、主体的に行っている感じがする。"着"のほうは「持続」というだけあって静的で、ずっとその状態が続いているイメージになる。人間の動作に"着"が使われるのは主に小説の描写などである。ある程度語感が養成されないと違いはわかりにくい。

もとはというと、実は進行を表す"在"は南方の方言で、全国的に使われるようになったのは20世紀からである。18世紀の北方の言語で書かれている古典文学『紅楼夢』などを見てみても、確かに"着""正"は盛んに使われているが、進行の"在"はほとんど見当たらない（第五回に「正在胡思乱想」というのがあって、これなどは進行に近いが、「あれこれとした妄想の中にある」と取るほうが良いだろう。このような表現から「～にある」の意味が薄くなっていくと、進行の意味になる）。

　また、"着"がつく動詞によっては、その動作の結果が持続していることを表す。こちらは"在"とははっきり違う。例えば、"开着"は、今まさに開きにくいドアを開けようとしているところではない。その場合には"在开"と言うだろう。"开着"は、「開くという動作をした結果、開いた状態が続いている」ことを表す。つまり"门开着。"は「ドアが開いている。」の意味である。

　"穿"は「着る」だが、"穿着"は「着る」という動作をしている最中であることを表すのではなく、着た結果が持続していること、つまり「着ている」を表す。"穿着毛衣的人"ならば、「セーターを着ている人」になる。

◈読書案内

　"着"の用法について日本語で読めるものとしては王学群『中国語の"V着"に関する研究』(白帝社、2007年) が詳しい。"了"については第六章で詳述する。

◈ 近未来と経験

　中国語には特定の未来形はないが、将来行う意思がある動作に関して、「〜するつもりだ」の意味で"要"を使う。"要"は「〜したい」の意味でも使うが、その中心的な意味は「これから〜する必要がある」だと思われる。このため、文脈によって「〜する必要がある → これからしなければならない」にもなれば、「〜したい」という意思を表すことにもなる。将来において何かをする意思があるというのは、未来においてその動作をするつもりだということになるからである。

　　我们要去万里长城。Wǒmen yào qù Wànlǐ Chángchéng.
　　（私たちは万里の長城に行くつもりだ。）

　　我们要结婚。Wǒmen yào jiéhūn.
　　（私たちは結婚するつもりだ。）

　例文の"我们要去万里长城。"は文脈がなければあいまいである。仕事があって、「万里の長城に行かなければならない」のかもしれないし、「ずっと行きたかったので行かなきゃ → 行きたい」という意味にもなる。中国語ではこれらを区別しない。"我们要结婚。"も、「私たちは結婚する意志がある」という意味である。

　「〜したことがある」を表すには、"过 guo〔過〕"を動詞につける。否定は"没有〜过"、もしくは"没〜过"。"了"を使った否定文では、"没"がつくと"了"はなくなるが、"过"は否定文でも消えない。

　　我在日本学过汉语。Wǒ zài Rìběn xuéguo Hànyǔ.
　　（私は日本で中国語を勉強したことがある。）

你去过中国吗? —— 我去过。／我没去过。

Nǐ qùguo Zhōngguó ma? —— Wǒ qùguo. / Wǒ méi qùguo.

（あなたは中国に行ったことがありますか？——行ったことがあります。／ありません。）

　以上のように、体系的な過去形はないが、経験、完了、近未来の言い方は存在している。また、アスペクトとしてはここで紹介したもの以外にも、補語を使用して細かく言うことができる。

◆**補語**

　中国語は動詞の変化形がないし、過去形もなく、単純なようである。しかし言語というものは、何かが単純だと何かが複雑になるものだ。中国語では、動詞に様々な補語がついて、その動作を細かく表現する言語である。どのような補語があるのか、見てみよう。

◎方向補語

老师进来了。／老师进去了。Lǎoshī jìnlai le. / Lǎoshī jìnqu le.

（先生が入ってきた。／入っていった。）

老师出来了。／老师出去了。Lǎoshī chūlai le. / Lǎoshī chūqu le.

（先生が出てきた。／出ていった。）

老师走进来了。／老师走出去了。

Lǎoshī zǒu jinlai le. / Lǎoshī zǒu chuqu le.

（先生が歩いて入ってきた。／歩いて出ていった。）

他从图书馆跑出来了。Tā cóng túshūguǎn pǎo chulai le.

（彼は図書館から走って出てきた。）

方向補語とは、動詞の後について、その動作の方向を表す表現である。日本語に直訳できるものと、できないものがある。"进"は「入る」という意味の動詞。この動詞に方向補語の"来"がついて"进来"となると、「入ってくる」になる。"进"に"去"をつけると「入っていく」になる。例えば話し手が教室の中にいて、先生が入ってきたら"老师进来了。"と言うし、教室の外にいて、先生が中に入っていくのを見たら、"老师进去了。"と言う。このあたりは日本語とほぼ同じである。

　"老师出来了。／老师出去了。"の"出"は動詞で「出る」。それに"来"がつくと、「出てくる」で、"出去"とすれば「出ていく」。さらに、今出てきた"进来、进去、出来、出去"などがそのまま複合方向補語になり、何らかの動詞につくこともある。例えば"走（歩く）"につくと、"走进来"となり、「歩いて入ってくる」を表す。"走出去"ならば「歩いて出ていく」である。日本語では「歩いて入ってくる」まで表現することは少なく、「歩いて来る」くらいで済ますことが多いが、中国語ではこのように「動作の様態＋動作の方向」を比較的詳しく表現する。"他从图书馆跑出来了。"は、「彼」が図書館から走って出てきたことを描写している。日本語でも「走って出てきた」と言ってもよいが、「出てきた」としか言わないことのほうが多いだろう。中国語でも"出来了"だけでももちろん使うが、"跑出来了"のように、細かく動作を表現することも多い。

　次のような例も、日本語と比較してみよう。

　坐下 zuòxia（座る）／站起来 zhàn qilai（立ち上がる）

　「座る」は、下方向が含意されており、"下"は情報としては必ずし

も必要ではないが、立った状態から移動を表す際には、"坐下" と言うのが普通である。日本語では「座り下りる」とは普通言わない。立ち上がる動作は "站起来" と言い、こちらは日本語でも「立ち上がる」と言うことができる。

　同様に、日本語の「落ちる」は、これだけで下方向の移動を表す。中国語の "落 luò" にしても同じで、横や上に移動することはない。しかしそれでも "落下" と言うことが多い。中国語のほうが「動作の様態＋動作の方向」をセットで表すと言えるだろう。

◎方向補語の拡張的用法

　　肚子又疼起来了。Dùzi yòu téng qilai le.
　　（お腹がまた痛くなった。）

　　看起来，他穿的衣服是很便宜的。
　　Kàn qilai, tā chuān de yīfu shì hěn piányi de.
　　（見たところ、彼が来ている服はとても安いものです。）

　　我爱上了她。Wǒ àishangle tā.
　　（私は彼女を好きになった。）

　方向補語は、時に比喩的に意味が拡張して用いられる。たいていは動詞とセットになるので、よく使う組み合わせを出てくるたびに覚えていくことになる。

　"起来" は方向補語の拡張的用法の中でも特に頻繁に用いられるもの。その中心的意味は「起き上がる」だが、そこから拡張して「〜し始める」の意味を表す。日本語でも「パソコンを立ち上げる」のような表現があるが、パソコンは立ち上がるわけがない。スタートすることを

比喩的に立ち上がるという。中国語の"起来"のイメージもこれと同じである。「起き上がる → スタートする」とイメージが拡張しているのである。

"肚子又疼起来了。"は、"疼"だけだと「痛い」であるが、"疼起来"だと、「痛いという状態が起こる」ということで「痛くなる」の意味を表す。"看起来"はこのまま熟語になっている。「見始める → 見たところ」の意味になる。

方向補語の"上"は様々な動詞について、ある一定程度に達することを表す。"我爱她"だと、「私は彼女が好きだ」という状態を表すが、"我爱上了她。"とすると、それまでは好きではなかった状態から、好きになったということを表す。このような補語がつくことによって、文法的な意味を補完しているのである。

> ◈**読書案内**
> 　方向補語について、日本語で読める専門書としては丸尾誠『現代中国語方向補語の研究』(白帝社、2014年) や、丸尾誠『現代中国語の空間移動表現に関する研究』(白帝社、2005年) がある。島村典子『現代中国語の移動を表す述補構造に関する研究』(好文出版、2016年) もある。

◎結果補語

　普段あまり意識はしないかもしれないが、動詞の意味にはその動作の結果が含まれている場合と含まれていない場合がある。例えば、「探

す」。「探した」と言ったとしても、その結果に到達したことは言われていない。「探した」が結果に到達するとは、見つかることである。探しても見つからないことは多い。では「燃やした」はどうだろうか。「燃やしたが燃えなかった。」と言えるだろうか。言えなくもないだろう。『竹取物語』の火鼠の皮衣などは、燃やしても燃えないはずだ（ニセ物なので燃えるが）。一方、英語の burn は、燃えたところまで必ず表す。火にくべてみたけれども、燃えなかった場合には burn と言えないらしい。つまり、結果までが意味に含まれている動詞だということである。

　中国語の動詞は、基本的に動作のみを表し、その結果までは表現しない、とよく言われる。"我看（私は見る）"という動作は、単に見ようとしたことを表し、その結果として見えたかどうかまでは表していない。では、見る動作をした結果見えたことまで表すのにはどうするかというと、結果補語を使用する。

　　　我看到了。Wǒ kàndào le.
　　　私は見た（見るに到った）。

　"看到"と、"到"をつけると、確実に対象を見るに到るところまで表す。このように、動詞についてその動作の結果を表すタイプの補語を結果補語と呼ぶ。

　"看到"によく似た表現に、"看见 kànjiàn"がある。結果補語"见"のついた表現"看见"は、「見える」ことを表す。"看到"と何が違うのかというと、"看到"のほうは意識的に見ようとして見ることを表すのに対して、"看见"は非意識的に「見える」ことを表す。"富士山看见了。Fùshìshān kànjiàn le."は、「富士山が見えた」を表す（とされるが、そ

の差は微妙である）。

　もう少し例を見てみよう。

　　　他找到了他的钱包。Tā zhǎodàole tā de qiánbāo.
　　　（彼は彼の財布を見つけた。）

　　　他已经回到家了。Tā yǐjīng huídào jiā le.
　　　（彼はもう家に着いた。）

　　　好像他听见了我们的话。Hǎoxiàng tā tīngjiànle wǒmen de huà.
　　　（どうやら彼に私たちの話が聞こえたようだ。）

　　"找" は「探す」という意味なので、"到" がつくとその最終段階である「見つける、見つかる」を表せる。"回到家" はどうだろう。単に "回家" と言う場合、「家に帰った」という動作を表すが、これだけだとまだ家に着いたかどうかまではわからない。着いたかもしれないし、途中で事故にあっているかもしれない。"回到家" と、"到" がつくことによって、到着が表現される。

　　動詞 "听（聞く）" に結果補語の "到" "见" をつけた形 "听到" "听见" も、"看到" "看见" と似たような働きをする。両者とも、単に聞こうとしただけでなく聞こえるところまで表現するが、"听到" のほうが意識的に聞くことが多い。

　　他によく使う結果補語に "完 wán" "懂 dǒng" "好" などがある。

　　　作文写完了吗? Zuòwén xiěwán le ma?
　　　（作文は書き終わりましたか?）

电影看完了吗? Diànyǐng kànwán le ma?
（映画は見終わりましたか？）

我说的话你听懂了吗? Wǒ shuō de huà nǐ tīngdǒng le ma?
（私の話は、聞き取れましたか？）

上次的内容学好了吗? Shàng cì de nèiróng xuéhǎo le ma?
（前回の内容はマスターしましたか？）

　動詞に結果補語"完"をつけると、「〜し終わる」を表す。"作文写完了吗?"は「作文、書き終わりましたか？」の意味である。次の"看完"ならば、「見終わる」になる。単に"看了"と言った場合、映画全部を見たかどうかは言っていない。このため5分くらいで眠くなって寝てしまってもこう表現することが不可能ではない。
　"懂"はこのまま動詞として「理解する、わかる」の意味でよく使う。結果補語の場合は、"听懂""看懂"の組み合わせでよく使う（というか、ほとんどこの二つでしか使わない）。"听懂"は聞いてわかることを表し、"看懂"は見てわかる、読んでわかることを表す。"好"は結果補語になると、「きちんしたところまで目的を達成する」ことを表す。"学好"は、「学んだ結果、かなりの水準までになる」ことを表すので、日本語にすると「マスターする」の意味になる。

◎様態補語"得 de"
　"他走。"ならば「彼は歩く」だが、その動作の様子がどのようであるかを表現するときに使うのが様態補語の"得"である。

他走得很慢。Tā zǒude hěn màn.
（彼は歩くのが遅い。）

他说得非常快。Tā shuōde fēicháng kuài.
（彼は話すのがとても速い。）

　"他走得"で「彼が歩くのが」を表し、"很慢"で「遅い」を表す。全体で「彼は歩くのが遅い」になる。同様に"他说得非常快。"は「彼は話すのがとても速い。」となる。様態補語の説明をすると、よく疑問に思われるのが、「いつ使うのか」という問題である。特に、副詞を使って動詞を修飾するパターンとの違いがどこにあるのかがわからない。
　"得"を使う構文の重要な情報の焦点は、"得"の後にくる部分である。"他说得很慢。"では、「彼が話すこと」はすでに文脈上明らかになっていて、その話す様子が「とてもゆっくりだ」ということに重点がある。このため、次のような使用の仕方をすることも多い（例は杉村博文『現代中国語のシンタクス』）。

　你哥哥拉了贝多芬的奏鸣曲，他拉得真好！
　Nǐ gēge lāle Bèiduōfēn de zòumíngqǔ, tā lāde zhēn hǎo!
　（あなたのお兄さんはベートーヴェンのソナタを弾いた。彼は本当に上手に弾いた。）

　この例では、最初に「ベートーヴェンのソナタを弾いた」と言っている。その後で、再び動詞の"拉（弾く）"を繰り返して、様態補語の"得"それが"真好（とてもいい）"だとしている。このように、一度言ったことに対してさらに説明をつけ加える際にもよく使われる。
　また、次のような例を見てみよう。

这次考试考得怎么样？Zhè cì kǎoshì kǎode zěnmeyàng?
（今回の試験はどうでしたか？）

　日本語で試験がどうだったか聞く場合、普通は「今回の試験はどうでしたか？」のように聞くだろう。これをそのまま中国語訳すると、"这次考试怎么样？"となりそうであるが、そうではなくて、動詞の「試験を受ける」という意味を表す"考"をつけ、さらに様態補語の"得"を用いることによって、"考得怎么样"と表現することが多い。日本語にはうまく訳せないが、試験を受けて、それがうまくいったのか、全然ダメだったのかなどを聞く表現となる。次のような例も、日本語に訳しにくい。

　她长得很漂亮。Tā zhǎngde hěn piàoliang.
　（彼女はとてもきれいだ。）

　「彼女はきれいだ」と言いたいのなら、"她很漂亮"だけでよいような気がするが、"她长得很漂亮。"と言うことも多い。この場合の"长"は zhǎng と読み、「成長する」の意味である。あえて解釈すれば「成長したその様態が〜だ」を表す表現で、主に外見がどのようになっているかを言う場合に使用する。こういう表現は使い方をそのまま覚えるしかない。
　方向補語でも、「動作の様態＋動作の方向」を比較的詳しく言うのであった。また、結果補語でも、単に終わっただけなら、"完了"とだけ言ってもいいはずであるが、実際には動詞を省略せず、"看完""写完"のように言うことが多い。様態補語の場合にも、動詞を日本語と比較するとよく使っていることがわかる。

また、酒に酔った場合、"喝醉了 hēzuì le"と言う。「酔った」だけなら、"醉了"だけでいいし、飲んだ結果として酔うわけだから、"喝（飲む）"のほうにはあまり情報価値がない。それでも普通は省略しない。中国語は「動詞＋α」を日本語に比して詳しく表出する傾向があると言えよう。

◎可能補語

钱包找不到，汉语都学不好，早上都起不来。
Qiánbāo zhǎo bu dào, Hànyǔ dōu xué bu hǎo, zǎoshang dōu qǐ bu lái.
（財布は見つからない、中国語はマスターできない、朝も起きられない。）

我汉语听不懂，但是看得懂。
Wǒ Hànyǔ tīng bu dǒng, dànshì kànde dǒng.
（私は中国語は聞き取れないが、読んでわかる。）

方向補語や結果補語を使用するパターンで、動詞と補語の間に"不"を入れると、「〜することができない」、"得"を入れると「〜することができる」という意味になる。これを可能補語と呼ぶ。「できる、できない」を表すには、"可以、会、能"を使うほかに、この可能補語を使った形式もよく使われる。

"找到"は「見つける、見つかる」を表す。間に"不"を入れ"找不到"とすると、「見つからない、見つけることができない」の意味になる。"学好"は「マスターする」という意味なので、"学不好"だと「マスターできない」、"起不来"は「起きられない」を表す。"听不懂"は、「聞いてわからない」を表し、逆に"听得懂"だと、「聞いてわかることができる」を表す。同様に、"看得懂"なら「読んでわかる」を表し、

"看不懂" ならば「読んでわからない」を表す。従って"我汉语听不懂，但是看得懂。"で、「私は中国語は聞き取れないけれども、読んでわかることはできる」を表す。

このように、可能補語には肯定形と否定形があるが、多く使われるのは、"找不到、学不好、起不来"のように、「〜できない」を表す否定形のほうである。"看得懂"のような肯定形は"你看得懂吗?"のような疑問文や、その疑問文に答える時、もしくは"我汉语听不懂，但是看得懂。"のように対比的に言う時に使う。

◈ **使役と受け身**

最後に、使役の表現と受け身の表現を見ておこう。使役とは、誰か（何か）が誰か（何か）に何かをさせる表現である。私たちは日常的に、誰かに何かをさせたり、してもらったりしているので、使役の表現はだいたいどの言語にも存在している。

現代中国語で使役は主に"让 ràng〔讓〕"や"叫 jiào""使 shǐ"を使う。"使"は硬い表現である。語順は、「主語＋使役動詞（"让""叫"など）＋人／物＋述語」で、英語と同じ語順になる。

让我看。Ràng wǒ kàn.
（私に見せて。）

老师让我们买他写的书。Lǎoshī ràng wǒmen mǎi tā xiě de shū.
（先生は私たちに彼が書いた本を買わせる。）

一つ目の"让我看。"は主語は表れていない。使役動詞に続いて"我"、そのあとに動詞がきて、「私に見せて」になる。次の例文"老师让我们买他写的书。"は直訳すると「先生は私たちに彼が書いた本を

買わせる。」である。なおもともと「呼ぶ」の意味の"叫"も使役で使うが、これは「～を呼んで～させる」ということから使役になったものと思われる。

　次に、受け身文の作り方を見よう。中国語では主に"被 bèi"を使う。

主語	被	～に	動詞句

我的自行车　被　　　人　　　骑走了。
Wǒ de zìxíngchē bèi rén qízǒu le.
（私の自転車が盗まれた。）

我的电脑　　被　　　他　　　弄坏了。
Wǒ de diànnǎo bèi tā nònghuài le.
（私のパソコンが壊された。）

我的书包　　被　　　人　　　偷了。
Wǒ de shūbāo bèi rén tōu le.
（私のカバンが誰かに盗まれた。）

　語順は、主語の後に"被"をつけ、その後に「～に」の部分（英語で言えば by にあたる）がきて、最後に動詞句がくる。「～に」の部分は出てこない場合もある。ここの"人"は不特定の「誰だかわからない人」の意味である。"骑走"は「乗って行く」、"弄坏"は「壊す」である。ただし、英語の受け身のように何にでも使えるわけではなく、何らかの被害にあった場合に使用することが多い。英語などの翻訳を受けてから、受け身の使用が増加したのは、日本語も中国語も同じである。

　使役と受け身は裏と表の関係である。例えば、「先生が書かせた」は、書かされる側からすれば、「先生に書かされた」となる。日本語は話し

手の主観に同化した語り方を好む言語なので、使役よりも受け身を使うことが比較的多い。中国語の受け身は日本語ほどさかんには使えないので、"我被老师写"とは言いづらく、"老师让我写"と言うことのほうが多い。

　実は、"让"や"叫"は使役だけでなく、受け身も表せる。"让〔讓〕"も元々の意味は文字通り「譲る」なので、「譲って自由にさせる」ということから発展したと考えれば、それほどおかしくはない。が、それでも"叫"が受け身を表せるのは、日本語や英語の感覚からすると不思議に思われる。一例をあげよう。

　　老师叫小偷偷了钱包。Lǎoshī jiào xiǎotōu tōule qiánbāo.
　　（先生はスリに財布を取られた。）

　用例は古川裕「「中国語らしさ」の認知言語学的分析」から取った。受け身と使役は方向性の違いとしたが、この論文では、中国語におけるある種の「双方向性」が扱われている。例えば、中国語"借 jiè"。これは「借りる」と「貸す」の両方の意味を表せる。「借りる」と「貸す」は視点が異なるだけなので、中立的な視点からみれば、どちらも表せるというわけである。使役と受け身は中立的な視点からみると、同じになってしまう。また、"下车 xià chē"は、「車に降りる」ではなく、「車から降りる」なので、"下"の目的語は、動作の起点である。一方、"下海 xià hǎi"は「海に入る」の意味なので、目的語は動作の着点である。どちらも表せる。

　「受」と「授」は、反対の意味であり、片方が受け取るほう、もう片方が授けるほうであるが、現代語では発音は全く同じである（ただし、古

代では声調が異なる）。私はある著書で「ノーベル文学賞を受賞」と書くべきところを「授賞」と書いてしまったことがある。これでは、ノーベル文学賞作家が誰かにノーベル文学賞を授けてしまうことになる。同音なのが悪い。

◈ 現代中国語への歩み

　さて、現代中国語のエッセンスを概観してきた。現代中国語を勉強すると、高校などで勉強した漢文とだいぶ違うという印象をうけるかもしれないが、本章でも折に触れて言及した通り、現代中国語の特徴は必ずしも最近出てきたものではなく、唐代や宋代ころ、日本で言えば奈良時代や平安時代ころにはもう出現しているものも多い。

　中国における書き言葉は保守的であったが、話し言葉のほうは少しずつ変わっていく。それは自然発生的なものなので、止めることはできない。話し言葉と書き言葉は乖離していく。そして、話し言葉に基づいたものは白話、日本でいわゆる「漢文」と言われているものは文言文と呼ばれるようになった。

　白話を伝える資料としてはまず唐代から宋代にかけての変文が挙げられる。変文とは、寺院などで行われた俗講に使われたものであり、当時の話し言葉を反映したものとなっている。通俗的なものなので後世には残りにくいものだったが、20世紀になってから敦煌でいくつも発見され、一般に「敦煌変文」と呼ばれている。

　宋代でも、例えば『朱子語類』などは、朱氏が弟子と語ったものであるため、口語が反映されており、文言文では出てこないが現代語では非常に重要な"了"なども見ることができる。また、白話での刊行物として現存する最古のものは宋代の『大唐三蔵取経詩話』である。

元代の白話文では、「全相平和五種」と呼ばれるものが有名である。「全相」とは、全ページに絵が入っているという意味で、絵の下に文章がついている。もっとも有名なのが『全相三国志平話』で、後漢末から三国時代にかけての時代をモチーフとした俗文学となっている。後の『三国志演義』に比べても荒唐無稽な内容であるが、白話で書かれている。残存している平話は他に『武王伐紂』『楽毅図斉七国春秋後集』『秦併六国』『前漢書続集』がある。これらを読んでみようとすると、もはや漢文の読み方では理解することができないことがわかる。現代語の知識があったほうがわかりやすい。

　明代以降の白話文学としては『三国志演義』『水滸伝』『西遊記』『金瓶梅』の「四大奇書」が特に有名である。ただし『三国志演義』は、歴史書としての正史『三国志』の文章を相当に取り込んでいることもあり、白話と文言のミックスとなっている。清代にも、『紅楼夢』をはじめとして多くの白話での小説が書かれている。

　とはいえ、あくまでも正式な文章は文言文のままであった。転機が訪れるのは20世紀になってから、1910年代の後半である。このころになると、文言を廃して全面的に白話で文章を書くことが提唱されるようになった。1917年、アメリカ留学中だった胡適は、雑誌『新青年』に「文学改良芻議」を発表する。中国は伝統的に尚古主義で、いにしえを貴ぶが、胡適はダーウィンの進化論に則り、「一時代には一時代の文学がある」と主張、『水滸伝』のような白話文学をより進化したものと考えた。一般に、この「文学改良芻議」が全面白話化の契機になったと評価されている（ただし、「文学改良芻議」自体は文言で書かれている）。1918年に魯迅が白話による小説「狂人日記」を『新青年』に発表した（ただし、冒頭は文言である）。1919年の五四運動以降、中国語は基

本的に白話で書かれることになった。いわば中国版言文一致である。もちろん、日本語の言文一致が必ずしも話し言葉と完全なる一致を表さないように、中国語のそれも話し言葉に基づいた新たな書き言葉の創出であった。文学史上は、この五四運動のころから先を「現代文学」と呼び、1949年の中華人民共和国成立以降を「当代文学」と呼んでいる。

◈ 欧化語法

　五四時期は外国語の影響を受けて、中国語が大きく変容した時代である。大量の翻訳語が生まれたほか、文法面も大きく変わることになった。例えば、それまではあまり用いられていなかった、論理的関係を表す語句が増加した。"关于 guānyú（～に関して）" "对于 duìyú（～に対して）" "作为 zuòwéi（～として）" "经过 jīngguò（～を経て）" "包括 bāokuò（～を含めて）" などがそれである。論理的な文章でよく使う呼応表現の "如果～那么 rúguǒ nàme" "只有～才 zhǐyǒu cái" "不但～反而 búdàn fǎn'ér" なども、主にこの時期から使用されるようになっている。そのほか、名詞に長い連体修飾語がつくようになったり（この点については第八章で詳述する）、受身表現が増えたり、従属節を主節の後に置く形式が使われたりもするようになった。従属節が後ろに来る形式とは、例えば次のようなものである。

　　他们谁也没有问过这样的问题，因为他们太忙了。Tāmen shéi yě méiyou wènguo zhèyàng de wèntí, yīnwèi tāmen tài máng le.
　　（彼らは誰もこのような問題について訊ねたことがなかった、なぜなら彼らは忙しすぎだからだ。）

この例は、それ以前の語法の延長であれば、"因为他们太忙了，他们谁也没有问过这样的问题。"となるところであるが、"因为他们太忙了"のような節が前にも後ろにも置けるようになったのである。

◆読書案内

　中国語初学者で、中国語について簡単に知りたい人は木村英樹『中国語はじめの一歩』(筑摩書房、2017年) や、相原茂『はじめての中国語』(講談社、1990年) などを読むとよい。橋本陽介『中国語実況講義』(東方書店、2020年) は中国語を本格的に学び始めるための一冊として書いている。一通り学んだ上で、中級レベルの学習用文法書としては守屋宏則・李軼倫『やさしくくわしい中国語文法の基礎　改訂新版』(東方書店、2019年) や、相原茂他『Why? にこたえるはじめての中国語の文法書』(新訂版、同学社、2016年) がある。

　読み物としても読める中級の文法書に三宅登之『中級中国語　読みとく文法』(白水社、2012年)、相原茂『読む中国語文法』(現代書館、2015年)、荒川清秀『一歩すすんだ中国語文法』(大修館書店、2003年) などがある。2、3年ほど中国語を学習した後や、中国語学に入門する際には3冊とも読みたい。

　網羅的な文法書で、日本語で読めるものとしては李臨定『中国語文法概論』(宮田一郎訳、光生館、1993年)、劉月華ほか『現代中国語文法総覧』(相原茂監訳、くろしお出版、1996年) がある。どちらも定評のある文法書である（原書は参考文献一覧を参照）。これらは、辞書的にも使用できるタイプの文法書であ

る。

　中国語学に入門する際の、まとまった叢書として光生館の中国語研究学習双書がある。出版年代は古いが、これだけまとまって中国語学に入門できるシリーズはその後も出ていない。図書館等で借りて読むのがよいだろう。

　古典中国語（いわゆる漢文）を学びたい場合、何も知らないなら、まずは加藤徹『白文攻略　漢文法ひとり学び』(白水社、2013年) あたりから始めるとよい。鈴木直治『中国古代語法の研究』(汲古書院、1994年) は詳しく、わかりやすい。先に挙げた光生館の中国語研究学習双書に入っている鈴木直治・藤堂明保・香坂順一『中国語と漢文　訓読の原則と漢語の特徴』(光生館、1975年) は、漢文訓読に関する本であるが、古代語法についても参考になるだろう。

　中国語の歴史的な変遷を知りたい場合、日本語で読めるものとしてはまず太田辰夫『中国語歴史文法』(新装版が朋友書店から2013年に出ている) や『中国語文論集』(汲古書院、1995年)、『古典中国語文法』(汲古書院、2002年) などを読むべきである。中国語では王力《汉语史稿》(第3版、中华书局、2015年) がまず挙げられる。(ただし、いずれも専門的)。五四時期以降の新興語法については、これらの他、謝耀基《現代漢語歐化語法概論》(光明圖書公司、1990年)、賀阳《现代汉语欧化语法现象研究》(商务印书馆、2008年) などを参照。古白話の文章については、文学研究の側からは小松謙『「現実」の浮上　「せりふ」と「描写」の中国文学史』(汲古書院、2007年) ほか、小松氏の著作が良いと思われる。

［参考文献］

相原茂 (2015)『読む中国語文法』現代書館

市原靖久 (2018)「上古中国語の一人称代名詞"我"と"吾"について」『中国語学』
　　265号、日本中国語学会

岩間一弘編著 (2019)『中国料理と近現代日本　食と嗜好の文化交流史』慶應義
　　塾大学出版会

木村英樹 (2019)「現代漢語文法の史的性質——現代語文法と歴史文法の接点
　　を探る」日本中国語学会第1回中国語学セミナー

木村英樹 (2021)「中国語時間詞の空間性——〈過去〉と〈未来〉の空間メタファー」
　　『時間と言語』嶋田珠巳・鍛治広真編著、三省堂

黄興濤 (2021)『「她」という字の文化史』孫鹿訳、汲古書院

杉村博文 (2017)『現代中国語のシンタクス』日中言語文化出版社

瀬戸賢一 (2017)『時間の言語学　メタファーから読みとく』筑摩書房

藤堂明保 (1986)『漢字の話』朝日新聞社

西山猛 (2014)『漢語史における指示詞と人称詞』好文出版

古川裕 (2007)「「中国語らしさ」の認知言語学的分析」『日中対照言語学研究論
　　文集　中国からみた日本語の特徴、日本語からみた中国語の特徴』彭飛編、
　　和泉書院

森博達 (1997)「擬音語と音韻史」『大河内康憲教授退官記念　中国語学論文
　　集』東方書店

李临定 (1986)《现代汉语句型》商务印书馆 (『中国語文法概論』宮田一郎訳、光生
　　館、1993年)

刘丹青编 (2012)《名词性短语的类型学研究》商务印书馆 (『中国語名詞性フレー
　　ズの類型学的研究』山田留里子他訳、日中言語文化出版社、2016年)

王力 (1957-1958 (2015))《汉语史稿》中华书局

第二章

語彙

中国語はすべて漢字で書かれる。漢字一文字一文字がそれぞれ意味を持っている。このため、中国では「字」という語を、単語の意味で用いることがある。中国語の近代的な文法書は、『馬氏文通』(1898年、1899年) に始まるが、この『馬氏文通』では、名詞にあたるものを「名字」、動詞にあたるものを「動字」と呼ぶなど、「字＝単語」の意味で使っている。また現在でも、例えば「「是」を使う文」の意味で、"是字句 shì zì jù"などと言う（中国語の"句"は「文」の意味である）。これなども、「字」を「単語」とみなす名残であろう。

　「字」を単語の意味で使用するのは、文字中心主義であったことの表れでもあるが、古典中国語では実際に一つの文字が一つの単語となることが多かった。基本的な文法を知っていれば、あとは字の意味を知れば文の意味を理解できることが確かに多い。

　現代中国語は、二つ以上の漢字からなる単語が増えている。一つの漢字は一つの音節を表すので、複数の音節で一つの単語を表すように変化しているのである。さすがに一音節で一つの単語だとすると、どうしても同音異義語が増えてしまう。漢字で書き分ける分には問題ないが、話し言葉の場合には耳で聞くだけなので、理解の妨げになるから、これは当然の変化だろう。

　二つの漢字からなる単語が増えているとはいえ、その構成を見ると、古典のパターンを踏襲したものが多い。まずそのパターンから見てみよう。

①主語＋述語

　　地震 dìzhèn（地が震える）　　头疼 tóu téng（頭が痛い）

このパターンでは、二つの字の関係が、主語＋述語になっている。「地震」は「地が震える」の意味である。とすると、「地が震える」という文であって、単語ではないのではないか、という疑問が出てくるかもしれない。つまり、「地」という単語と、「震」という二つの単語の組み合わせであり、一つの単語ではないのではないか、とも考えられる。

　単語なのか、それとも二つ以上の単語の組み合わせなのか認定するには、一般に要素還元不可能性と形態的緊密性の二つから考える。要素還元不可能性とは、その語を構成している要素をバラバラにした場合、意味が変わってしまうかどうかである。例えば、「弱肉強食」は「弱肉」と「強食」に分けてしまうと、意味不明だ。一方、「焼肉定食」の意味は、「焼肉」と「定食」を足したものとほぼ同じである。

　形態的緊密性とは、分割することができるかどうか、ということだ。「弱肉強食」はどこかで切り離すと意味が解らなくなるが、「焼肉定食」は「焼肉の定食」のように、切り離せるから、「焼肉」と「定食」の間の緊密性は低い。従って、「弱肉強食」は一つの単語、「焼肉定食」は二つの単語の組み合わせと考えられる。

　その観点から見ると、現代中国語では"地震"は一つの単語とみてよい。"地"と"震"は切り離して、"地非常震（"非常"は「とても」の意味）"などと言うことができないからである。

　一方、"头疼（頭痛、頭が痛い）"は、"头（頭）"が主語で"疼（痛い）"が述語であり、あいだに副詞をはさんで"头很疼"のようにも言えるので、二つの単語の組み合わせと思われる。だが、やっかいなことに、"很头疼"とも言えてしまう。とすると、"头疼"はもはや、これで一つの単語になっているとも言える。中国語では「二つ以上の単語の組み合わせ」なのか、「一つの単語」なのか、あいまいな場合があるのだ。

なお、「お腹が痛い」なら、"肚子疼 dùzi téng"であるが、「お腹がとても痛い」は、"肚子很疼"とは言うものの、"很肚子疼"とは言えない。よって"头疼"とは異なり、まだ一語にはなっていない。中国語では二文字は安定性が高いので、"肚子"だけで一つの単語として動かないのだろう。

②修飾語＋非修飾語

　　　车站 chēzhàn（駅）　　　铅笔 qiānbǐ（鉛筆）

　　　好吃 hǎochī（おいしい）　　红茶 hóngchá（紅茶）

　中国語は原則として前から後ろを修飾する。"车站"の"车"は「車」、"站"は「駅」なので「車の駅」となるが、広く駅を表す語になっている。"铅笔"は日本語と同じく「鉛の筆」で「鉛筆」の意味となる。同様の例は非常に多い。"好吃"は文字だけ見ると、「よく食べる」であるが、「おいしい」の意味になっている。

③動詞＋目的語

　　　读书 dúshū（書を読む）　　　结婚 jiéhūn（結婚する）

　　　毕业 bìyè（卒業する）

　中国語は「動詞＋目的語」の語順であり、その点は英語などと同じである。中国語の単語を見ると、「動詞＋目的語」で一つの単語として扱えるものが多数ある。"读书"は、"读〔読〕"が動詞で「読む」、"书〔書〕"が目的語で「本」の意味なので、「本を読む」。これは「動詞＋目的語」と、二つの単語の組み合わせでもあるが、「勉強する」の意味

でも使う。「勉強する」の意味の場合、2文字で一つの概念を表しているから、一語であろう。

　"結婚"は、この2文字で一つの単語とみなせるが、語の構成を見ると、「婚を結ぶ」となっており、「動詞＋目的語」となっている。結びつきが強いと一般的には考えて、これで一つの単語と考えるけれども、"结过一次婚 jiéguo yí cì hūn（一度結婚したことがある）"のように、動詞の後につく助詞や数量詞が、本来の動詞部分である"结"のところにだけつく。日本語で言えば、「婚を一度結んだ」のように表現しているということである。このような動詞は、意味的には一語になっているけれども、完全に一語になっているわけではないと見られる。このような動詞を離合詞と呼ぶ。"毕业（卒業する）"も離合詞の例。"毕"は「畢」の簡体字で、「終わらせる」の意味がある。「業を終わらせる」で卒業なので、1文字目が動詞、2文字目が目的語である。

④似た意味の漢字、もしくは反対の意味の漢字を組み合わせたもの

　　　　破坏 pòhuài（破壊する）　　　研究 yánjiū（研究する）

　　　　买卖 mǎimài（売買する）　　　高低 gāodī（高さ）

　　　　大小 dàxiǎo（大きさ）　　　　朋友 péngyou（友達）

　　　　法律 fǎlǜ（法律）

　似たような意味の漢字を二つ並べたり、反対の意味の漢字を二つ並べたりして一つの単語のようになっていることもよくある。"破坏（破壊）"は「破って壊す」だから、似た意味の単語を並べたもの、"研究"も同様で、一単語になっている。"买卖（売買）"は、売ったり買ったりすること。"高低""大小"はそれぞれ、「高い、低い」「大きい、小

さい」と並べて、「高さ」「大きさ」を表す。

　"朋友" はどちらも「とも」なので、1文字だけでも意味はほとんど変わらないが、2文字組み合わせて一単語としている。現代の中国語では "朋" だけでも、"友" だけでも使わない。"法律" も、似た意味の語を二つ並べている単語である。意味からすれば、どちらか1文字でも理解できるが、話し言葉としては短すぎて同音異義語が多く発生してしまう。2文字にすれば、使用できる音の組み合わせが爆発的に増えるので、音で聞いた際の理解がしやすくなる。特に名詞は二音節化が進んでいる。

　なお、並列形式の場合、"东西 dōngxi""左右 zuǒyòu""表里 biǎoli""风雨 fēngyǔ""山海 shān hǎi" などのように、原則として声調順で並べられる（もちろん、例外はある）。これを和語で並列すると「にしひがし」「みぎひだり」「うらおもて」「あめかぜ」「うみやま」と、中国語の並べ方と反対になっているが、日本語では①音が短い方を先に言う②母音で始まる語を先に言う、という原則があるからだそうだ（例は中川正之『漢語からみえる世界と世間』から取った）。

⑤「動詞＋主語」の形になるもの

　日本語に輸入されている単語で、「出血」「降雨」「落石」などを観察してみよう。これをさらに分析すると、「血が出る」「雨が降る」「石が落ちる」となる。このように中国語では、自然現象や、何かがかってに出現したり、消失したりするときに、その出現・消失するものが動詞の後にくるパターンがある。現代中国語でも同様に、このような語順を取る文型があり、単語になっているものもある。

立春 lìchūn　　　　隕石 yǔnshí　　　　有名 yǒumíng　　　　有效 yǒuxiào

有限 yǒuxiàn　　　　发烧 fāshāo　　　　下雨 xià yǔ

　最後の二つ以外は、すべて日本語と同じ意味である。それぞれ、「春が立つ」「石が隕ちる」「名が有る」「効が有る」「限りが有る」という構成になっている。自然現象のほか、「〜が有る」の場合にこの語順が取られる。"发烧〔発焼〕"は、「熱が出る」の意味。現代中国語では「焼きが発する」と表現すると、その意味を表せる。

　日本語の漢語では雨が降ることを「降雨」、雪が降ることを「降雪」と呼ぶが、現代中国語では「降」が"下"に代わっている。雨が降ることを"下雨"、雪が降ることを"下雪 xià xuě"という。"下雨"と"下雪"は、単語になっていると言っていいか、微妙なところだ。今のところは「動詞＋名詞」と考えたほうがいいかもしれない。

◈「離合詞」を巡る謎

　「離合詞」とは一般に"結婚"のように、一語のように見えるが、実際には「動詞＋目的語」の語構成をしているために、文法的に「動詞＋目的語」のようにふるまうものである。しかし、実際には「動詞＋目的語」ではないのに離合詞になっているものが少なからずある。例えば"留学 liúxué（留学する）"は、"留过学（留学したことがある）"のようになるので、「学を留む」のようになってしまう。しかし、語の構成としては「留まって学ぶ」のはずで、「動詞＋動詞」の並列形式である。このため、一語化して"留学过"と言うこともある。

　同様に、次の離合詞は「動詞＋目的語」ではないのに、「動詞＋目的語」であるかのようにふるまっている。

游泳 yóuyǒng（泳ぐ）　　　散歩 sànbù（散歩する）

洗澡 xǐzǎo（お風呂に入る）　跳舞 tiàowǔ（ダンスする）

　"游""泳"もどちらも「泳ぐ」の意味だが、離合詞になっているということは、あたかも「泳を遊ず」のような語構成とされているのだ。勘違いである。そんなわけはない。"散"にも「ぶらぶら歩く」の意味があるから、"步"と合わせて、どちらも似たような意味である。「歩を散ず」ではない。"洗""澡"もどちらも「洗う」の意味である。"跳舞"も「舞を跳ぶ」ではなく、「跳んで舞う」からダンスの意味になっている。なぜこれらは「動詞＋目的語」ではないのに、離合詞になってしまうのだろうか。

　まず、中国語の基本的な動詞は、"看（見る）""听（聞く）""写（書く）""卖（売る）""买（買う）"など、一音節のものが多い。しかし、これらは単独で使われることが少ない。他動詞は目的語をともなって「一音節の動詞＋目的語」の形を取ることが多い。目的語が出てこなかったとしても、"了"のようなアスペクト助詞や、結果補語や方向補語など、別の文法的な機能を表す語がつくので、一文字のほうが長くならずに都合がよいのであろう。

　さて、離合詞であるが、共通しているのはどれも自動詞だということである。**自動詞なので、後ろに目的語がつかない**。中国語では「一音節の動詞＋目的語」の形を取ることが多いということがもともとあって、後ろに目的語が来ないので、2文字目が目的語のように感じられてしまうのだろう。似た意味を重ねた単語でも、目的語をつけることが可能な動詞、例えば"研究"などは離合詞にはならない。

◈ リズムと文法

　中国語は、音声的な面、リズムが文法の適格性に影響を与えているように思われることがある。そのような例をここでひとつ紹介しておこう。

　中国語はSVO言語なので、動詞の後に目的語がくる。基本的な動詞は一音節（漢字1文字）のものが多く、ちょっと硬い表現になると二音節（漢字2文字）になる。目的語は名詞だが、名詞は二音節になっているものが多い。このため、「動詞＋目的語」の組み合わせでは、自然と「一音節＋二音節」の組み合わせになることが多くなる。次のような組み合わせを見てみよう。

洗衣服 xǐ yīfu	洗衣 xǐ yī	清洗衣服 qīngxǐ yīfu	×清洗衣
租房屋 zū fángwū	租房 zū fáng	出租房屋 chūzū fángwū	×出租房

　最初の三つ "洗衣服""洗衣""清洗衣服" は、表していることはほとんど同じで、「服を洗う」の意味である。口語で最も使われるのは「一音節＋二音節」の組み合わせ、すなわち "洗衣服" である。"洗衣" と「一音節＋一音節」でもよいが、短い。どちらかというと、文語の生き残りという感じがする。"清洗衣服" と「二音節＋二音節」にしても、文法的に問題がない。とすると、意味からすれば "清洗衣" と言ってもいいような気がするが、このような言い方だけは存在していない。動詞が二音節で目的語が一音節の組み合わせはイレギュラーで、数が少ない。

　次の "租房屋""租房""出租房屋" も、だいたい同じような意味で、

「部屋を借りる」である。一音節の動詞"租（借りる）"に部屋を表す二音節の目的語"房屋"がつくパターンがまずある。"租房"は、看板など、書かれている言葉という感じがする。"出租房屋"も問題ないが、「二音節の動詞＋一音節の名詞」の組み合わせとなる"出租房"なる言い方は、ない。

　"出租"というと、"出租车 chūzūchē（タクシー）"という単語が思い浮かぶ人もいるだろう。これは「二音節＋一音節」になっている。が、この場合"出租"は修飾語になっており、直訳すれば「借りる車」であって、「車を借りる」ではない。つまり、「修飾語＋被修飾語」の関係なのだ。このように、「修飾語＋被修飾語」の場合、先ほどのパターンと逆転して、「二音節＋一音節」になることがもっとも多い。

技术工	技工	技术工人	×技工人
jìshù gōng	jìgōng	jìshù gōngrén	

蔬菜店	菜店	蔬菜商店	×菜商店
shūcàidiàn	càidiàn	shūcài shāngdiàn	

　"技术工""技工""技术工人"はどれも、「技術」が「工」にかかっている構造で、工事に従事する人のことだ。「二音節の修飾語＋一音節の被修飾語」のほか、「一音節＋一音節」「二音節＋二音節」は成立するが、最後の「一音節＋二音節」になる"技工人"は成立しない。"蔬菜店"の"蔬菜"は野菜のことなので、これは八百屋のこと。やはり「一音節＋二音節」になる"菜商店"だけ成立しない。

◈ 読書案内
　リズムと文法の概説書としては柯航《韵律和语法》(学林出版社、2018年) がある。これは学林出版社の"语言学热点问题研究丛书"のうちの一つであるが、このシリーズは中国語学のホットな話題の概説書が並んでおり、中国語が読めるのであれば、比較的手軽に読むことができる。
　そのほか、冯胜利《汉语韵律语法研究》(北京大学出版社、2005年)、周韧《现代汉语韵律与语法的互动关系研究》(商务印书馆、2011年) なども参照。

◈ 語構成の明確でない二音節単語

　ここまでの例は、二つの漢字それぞれの意味を組み合わせると、だいたい複合した語の意味もわかるものばかりを挙げた。また、語の構成も比較的明確なものばかりを挙げた。しかし、現代中国語では、単語を二音節にしようとする力学が働いているため、語の構成がそれほど明確でないものも多くある。2文字中の1文字はおまけみたいにつけられているのである。例えば、

　　　知道 zhīdào (知る)　　　名字 míngzi (名前)
　　　凉快 liángkuai (涼しい)　　　喜欢 xǐhuan (好きだ)

　「知る」の意味は"知"だけに現れているが、現代中国語では"知道"になっている。"道"には「言う、述べる、〜と思う」の意味があ

るが、「知る」とはうまく組み合わない。単なる接尾辞である。"名字"
も、単に「名前」の意味である。あえて言えば「名の字」で、「名」が
「字」を修飾している構造のようにも見えるが、実質的に1文字目の
「名」だけが意味を担っており、「字」は単に添えられているだけだ。
"涼快"も、文字の構成からすれば「涼しくて快適」の意味になりそう
だが、「涼しい」のみを表す。2文字目は意味がない。

　"喜欢〔歓〕"は、「喜び、歓迎する」というのだから、似た意味の語
を並べたものだが、どちらの意味でもなく、「好き」の意味になっている。

　名詞の場合はさらに、意味のない"子 zi"をつけている語もある。

　　桌子 zhuōzi (テーブル)　　帽子 màozi (帽子)　　椅子 yǐzi (椅子)

　"卓"はこの字だけで「テーブル」の意味を表せるが、"子"をつけ
て二音節で言うのが現代語である。"帽子""椅子"も同様で、意味と
しては1文字目だけで十分であるが、"子"をつけているのがわかる。ま
た、鼠のことは"老鼠 lǎoshǔ"と呼ぶ。これも二音節にしているだけで、
"老"には特に意味がない。

　よく使う身体部位も、二音節化している。

　　眼睛 yǎnjing (目)　　鼻子 bízi (鼻)　　耳朵 ěrduo (耳)
　　眉毛 méimao (眉)　　脑子 nǎozi (脳)

　"眼睛"の"睛"は本来ひとみのことを指すが、現在では特にそうい
う意味はなく、"眼睛"で単に「目」である。これらは、古代の言い方
に一音節足しただけだが、別の語にかわってしまっているものもある。

"嘴巴 zuǐba" は口。くちばしが口の意味に転じている。歯は現代中国語では "牙 yá"。「牙」の字は本来前歯で、「歯」の字は臼歯を表していたが、今では歯を全体的に "牙" という。

　"嘴" の意味が「口」に変わってしまっているように、現代中国語は日本語の漢字の意味とずれていることがある。特に基本的な単語に多い。日本語のほうが古い意味を残している。例えば "闻 wén" は「聞く」ではなく「におう」、"走 zǒu" は「歩く」（走るは "跑 pǎo" と言う）になっている。"吃" は「喫」の字の簡体字だが、「食べる」の意味である。「飲む」は「飲」ではなく "喝 hē" と言う。"写 xiě" は「うつす」ではなく「書く」の意味である。

　"写" に「書く」の意味が生じるのは唐代以降、"闻" に「におう」の意味が生じるのは唐代ころ、"喝" が「飲む」にとってかわるのはおそらく明代以降ということで、ここ 2、300 年で突然生まれた新しい意味ではない（ただし、『水滸伝』や清末の小説でも "吃酒（酒を飲む）" のように、液体を「飲む」の意味でも "吃" は使われている。方言では現在でも残っているとのことである）。

◈ **外来語の翻訳**

　日本語にはカタカナという便利なものがあるので、外来語の音をカタカナで写すというお手軽な方法がある。ハリウッド映画など、もはやほぼ翻訳されず、ただカタカナで原題を模倣するだけになっている。

　中国語ではその点、漢字しか使用していない。一部、「DVD」のように、アルファベットをそのまま使用する例もあるが、全体から見れば少数であり、外来語も基本的には漢字で翻訳する。固有名は基本的に音訳で、トランプなら "特朗普 Tèlǎngpǔ"、オバマは "欧巴马

Ōubāmǎ"、ブッシュは "布什 Bùshí" と書かれていた。

　初めて中国に行ったころ、面食らったのがこの外国語の固有名詞である。マクドナルドが "麦当劳 Màidāngláo"、ケンタッキーが "肯德基 Kěndéjī" となっており、もとの英語とは似ても似つかない。

　これは中国人の耳が悪いのではなく、最初に広東語で翻訳されたからだ。広東語は中国南方の方言で、イギリスの租借地であった香港で使われている言語でもある（香港映画は広東語が使われていることが多い）。"麦当劳、肯德基" は、広東語で読むとそれなりに「マクドナルド、ケンタッキー」に近い音になるのである。ソファーは "沙发 shāfā" と言うが、これは上海語で読むと「ソファー」に近い音になるらしい。音訳は普通話でなされているとは限らないのである。

　マクドナルドのドライブスルーは、"得来速 déláisù" と訳されている。音訳ではあるが、漢字の意味を見ても、「やってきて、速く抜ける」感が表現されている。同様に、中国語では一部分を音訳、一部分を意訳にしたり、漢字の意味をかけているものもある。

　　迷你裙 mínǐqún　　可口可乐 Kěkǒu kělè　　维生素 wéishēngsù
　　因特网 yīntèwǎng　　酒吧 jiǔbā　　冰淇淋 bīngqílín

　"迷你裙（ミニスカート）" は、"迷你" が音を表し、スカートの意味の "裙" を加える構造であるが、"迷你" は文字通り訳すと「君を迷わせる」の意味になる。"可口可乐" はコカ・コーラの音訳だが、意味から見ても、「口によく、楽しむことができる」の意味に取れる。この二つは「気の利いた翻訳語の例」で必ず出てくるので、詳しい人にとってはもはや食傷気味であろう。

"维生素（ビタミン）"は、"维"の部分がもともと音訳であるが、全体として「生命を維持する素」になっている"因特网"は"因特"がインターの部分の音訳、"网"は「網」なので、ネットの意訳。合わせてインターネットとなる。"酒吧"は、"吧"の部分が「バー」の音訳。それならば"吧"だけでもいいような気がするが、1文字は安定性に欠けるし、意味もわかりにくい。そこで"酒"が追加されている。"冰淇淋"は、最初の"冰"がアイス、後半はクリームの音訳である（方言音によるので、普通話では似ていない）。

日本語はもはや新しい概念を翻訳せず、カタカナで写すだけになっているのに対して、中国語では新しい概念も意訳されることが多い。コンピュータ関連の代表的な翻訳を見てみよう。

鼠标〔標〕shǔbiāo　　　点击〔擊〕diǎnjī　　　u 盘 u pán

微软〔軟〕Wēiruǎn　　　谷歌 Gǔgē

"鼠标"は「鼠＋標」で、マウス。"点击"は、「点＋擊」、どちらも「うつ」の意味があるが、クリックの意訳。"u 盘"は u だけアルファベットが残っているが、USB のことである。"微软"は、"微"が「マイクロ」、"软"が「ソフト」。そのままである。同じコンピュータ会社でも、グーグルは"谷歌"と音訳を使っている。

こうしてみると、翻訳語でも基本的には漢字2文字、長くても3文字にしていることがわかる。それ以上だと長すぎると感じられるのだ。「マイクロソフト」は音訳するとどうしても漢字数が多くなってしまいそうだ。コカ・コーラは4文字使っているが、話し言葉のときには通常"可乐"とだけ言う。オリンピックは音訳で"奥林匹克 Àolínpǐkè"と4文字使

うが、口語では"奥林匹克运动会 Àolínpǐkè yùndònghuì"を略した"奥运会"がよく使われている（"运动"は「運動」）。これだと3文字で収まる。

◆ **アメリカはなぜ「美国」なのか**

アメリカは日本語で漢字で書く際には「米国」となるが、中国では"美国 Měiguó"となる。なぜアメリカが美しい国なのかと首をかしげるかもしれない。また、フランスは日本語では「仏国」になるが、中国語では"法国 Fǎguó"である。日中のずれはなぜ起こっているのか、気になるところである。

「米国」は、「アメリカ」を音訳した「亜米利加」の「米」の部分を抜き出したもの。「メ」が「米」の字であてられたわけだ。千葉謙悟『中国語における東西言語文化交流——近代翻訳語の創造と伝播』によると、中国でももともとは「米」の字が使用されていたらしい。日本にはそれが伝わってきたのである。が、1860年をさかいに、中国では「美」の字が使用されることが多くなったという。「フランス」も、もともとは中国でも「仏蘭西」のように、「仏」の字が使用されていたが、やはり1860年ころをさかいに「法」の字が使用されることが多くなるという。

日本ではより古い表記のほうが生き残っているらしいのだが、なぜ中国のほうは変わってしまったのかというと、これも翻訳語の作られる中心地が移動したためだと千葉は考察している。上海語や北方の方言では「米」の字は mi と発音していた。それよりは、北方方言の mei、あるいは上海語で me と発音する「美」の字のほうが、アメリカの「メ」の音に発音が近くなる。フランスも、「仏」の字は上海語では子音が v

70

になってしまい、fにならない。「法」ならば、上海語でも子音がfになる。1860年ころから、それまでの広東周辺の音から、上海基準へと変化したために表記法が変わり、それが現在において日中の違いにも反映されているということだ。

◈日本語からの流入

中国語は外来語も漢字で表記するから、どの漢字を選択するかで、音訳するにもひと手間かかる。

だが、例外がある。日本語である。19世紀の日本では、中国に先駆けて西洋の概念を翻訳したが、その際に用いたのが漢語であることは、言うまでもないだろう。「社会」「経済」「哲学」「文学」などなど、すべて日本で作られた漢語、もしくは日本で新しい意味が付与された漢語である。

日清戦争終結後の1896年から、中国人留学生が大量に日本にやってくることになった。西洋に留学するよりも、地理的に近く、生活費も安いし、言語の学習も漢字を使っているので比較的容易であると考えられたのである。その結果、中国は日本製の漢語をそのまま輸入することになった。すでに漢語になっているのだから、あとは現代中国語で発音するだけでよいので、とても簡単なのである。ちなみに、戊戌の政変で日本に亡命してきた清末の思想家、梁啓超は『和文漢読法』なる本を著している。「和文漢読」だから、「漢文訓読」の反対である。「日本文を学ぶのは数日で小成し、数月で大成する」と書き、日本語を媒介に西洋の学問を学ぶとよいと言っている。この『和文漢読法』はかなり売れたらしい。

もちろん、学びやすいというのはあくまで文章語としての日本語である

が、当時の日本語、特に議論文などは漢文訓読体に近い文体が主流だったので、語順を変えればそのまま中国語の文語になりやすいものだった。この時代の文体については、斎藤希史『漢文脈と近代日本』などがわかりやすい。

日本で作られた翻訳語が中国でも大量にそのまま使用されていることは、比較的よく知られていることだろう。ときには、日本の中国に対する優位性の証拠の一つとして語られることもある（それを許すなら、そもそも漢字を使っている時点で中国の優位性を言われても仕方ないような気がするのだが）。

だが、現在では話はそれほど単純ではないことが明らかにされている。

荒川清秀『近代日中学術用語の形成と伝播』では、まず「熱帯」という語に着目した。この語は中国でも、日本で作られた和製漢語で、それが中国にも輸入されたものだと考えられていた。

だが、日本人なら気温が高いことを表すのに、「暑」の字を用いるはずではないか。一方の中国語ではそれを表すのに「熱」の字を使う。とすると、これは中国で作られた語なのではないか、と荒川は考えた。調査の結果、この語はやはり日本人による翻訳語ではなく、中国製の漢語であったことが明らかにされた。

では、なぜ日本で作られたと思われたのだろうか。実はこの語は、16世紀から17世紀に中国にやってきた宣教師と関連する語であった。宣教師といえば、日本ではフランシスコ・ザビエルがすぐに浮かぶが、中国に来たというと、最初に名前が挙がるのがイタリア出身のマテオ・リッチ（1552 - 1610）である。マテオ・リッチは、ヨーロッパの知識を漢文で刊行したことで知られているが、その中に『坤輿万国全図』（1602年）などの世界地図があって、この世界地図には漢文で注記がなされており、その中に、「熱帯」という表現が出てくるという（ただし、この段階

ではまだ熟語になってはいない）。このリッチによる世界地図の影響もあって、「熱帯」という語が熟語として成立し、日本にも渡来した。だが中国でこの語は定着せず、忘れ去られてしまい、19世紀末から20世紀に留学生が日本製の漢語だと勘違いして持ち帰ったのだという。

　西洋言語の翻訳というと、明治維新後に作られたイメージが強いが、江戸時代にも蘭学があり、翻訳語は使用されていた。その中には日本人が作り出したものもあるし、中国にやってきた宣教師が作り出したものもあった。他にも例えば「病院」は、中国に来た宣教師が作った語が日本で定着したものである（が、中国には逆輸入されなかった）。

　一口に「日本語から中国語に輸入された漢語」といっても、その内実は複雑なことがわかる。整理してみよう。

①日本で作られた言葉

　a. 科学、抽象、哲学、倶楽部

　b. 革命、経済、共和

　c. 大脳、膣、腺、盲腸、解剖

　aグループは純粋に日本で作られた言葉である。bグループは、もともと中国語にあった言葉であるが、別の意味の言葉に日本で転用された言葉だ。例えば、「革命」は、漢文読みでは「命革まる」と読める。中国の王朝は、天命が尽きると滅び、次の王朝に変わるという思想があり、もともとはそれを指す言葉であったのが、revolution の翻訳語として用いられるようになった。

　「経済」は「経世済民」から来ていると言われている。本来的には「世の中を経め、民を済う」の意味である。「経世済民」の略語として

「経済」の語はあったが、economy の翻訳語に転用されることになった（なお、「経世済民」の初出とされる『抱朴子』は仙人の実在を説く本である）。「共和」は『史記』にある言葉で、周の厲王が出奔して王がいなくなった際に、周定公と召の穆公が「共に和して」国を治めた、の意味とされていたものが、共和国の意味に転用されたものである（ただし、現在では「共に和して」いたわけではなく、厲王の亡命後に「共伯和」なる人物が国を治めた、とする説が有力であるらしい）。

　c グループも日本人が作った造語であるが、こちらは明治維新以降に作られたものではなく、江戸時代の蘭学者が作り出したものだという。一見して人体の解剖に関する用語が多いことに気づく。中国医学では伝統的に人体を毀損する解剖を好まなかった。そのせいで漢語による用語がなかったのだろう（魯迅の『藤野先生』でも、魯迅が藤野先生に「中国人は霊魂を尊ぶと聞いていたので、君が死体の解剖を嫌がるのではないかと、心配していたのです」と言われるシーンがある）。蘭学の翻訳では『解体新書』が有名だが、『解体新書』は厳密にいうと日本語（和文）に翻訳したものではない。『ターヘルアナトミア』を漢文に翻訳したものである。

②中国に来た外国人（とその協力者の中国人）が作ったものが来日し、中国に逆輸入されたもの
　a. 化学、紅茶、望遠鏡
　b. 民主、権威、銀行

　日本で作られたものと同じく、まったく新しく作り出した造語と、もともとあった言葉を転用したものがある。a グループは新しく作り出したもの、b グループは転用したものである。「民主」はもともとは「民の主」、つ

まり君主の意味であった。現在の「民主」は「民が主」の意味なので、まるで違う意味になっている。「銀行」には、「金銀の細工をつくる業界」の意味があったが、bank の翻訳語として使用されるようになった。

　こうしてみると、中国に来た宣教師をはじめとする外国人（とその協力者の中国人）が作った言葉も非常に多いことがわかる。なお、同じく中国に来た外国人が作った語で「地球、電報、洗礼、希望、北極」などは、日本でも中国でも使われているが、中国でも日本語を介することなく定着したものなので、逆輸入ではない。

　西洋の概念を翻訳したものというと、明治維新以降に日本人が作ったものというイメージがあるが、必ずしもそうでもないことがわかる。西洋人が中国語で出したものを「漢訳洋書」という。16世紀から19世紀初めまでに宣教師が残したものが420点ほどもあり、天文、地理、数学に関するものが多い。19世紀初めから19世紀末の間にも、1100点にも及ぶ漢訳洋書が出ている。中でも漢訳の『万国公法』(後に「国際法」と訳される)は日本に与えた影響が大きい（陳力衛『和製漢語の形成とその展開』、陳力衛『近代知の翻訳と伝播　漢語を媒介に』）。

　このほかに、純粋な和語である「場合」「手続き」「取り消し」なども、漢字で表記するのをいいことに、そのまま中国語になっていて、"場合 chǎnghé""手续 shǒuxù""取消 qǔxiāo" と言う。最近では、"人气 rénqì（人気）""新干线 xīngànxiàn（新幹線）" なども日本語から中国語になった。"人气" は、南方を中心に使われているようで、おしゃれなカフェなどで人気商品に "人气" などと書かれているのを目にする。

◈ **読書案内**

すでに本文中で挙げた千葉謙悟『中国語における東西言語文化交流——近代翻訳語の創造と伝播』(三省堂、2010年)、荒川清秀『近代日中学術用語の形成と伝播　地理学用語を中心に』(白帝社、1997年)のほか、陳力衛『近代知の翻訳と伝播　漢語を媒介に』(三省堂、2019年)や沈国威『近代日中語彙交流史　新漢語の生成と受容』(改訂新版、笠間書院、2008年)なども語彙の交流がよくわかる。これらは専門書であるが、一般向けとしては荒川清秀『漢語の謎　日本語と中国語のあいだ』(ちくま新書、2020年)がある。

また、辞書としては黄河清編《近现代汉语词源》(上海辞书出版社、2020年)がよい。

◈ その他の**外来語**

　もちろん、外来語は日本語やヨーロッパの言語からのものだけではない。古来、様々な言語から中国語になっている。例えば仏教関係の言葉はサンスクリットを漢語で訳したものだ。「和尚」「釈迦」「阿弥陀仏」「菩薩」「比丘」などなど枚挙にいとまがないし、日本語にもそのまま輸入されている。「塔」も「卒塔婆」の略語から来た外来語である。「葡萄」や「駱駝」なども、語源は正確にはわかっていないが、西方の言語を音訳したものと思われている。

　日本に輸入されていない言葉で、現代語でよく使うものの中にも、モンゴル語や満洲語など、周辺の民族の言語が入り込んでいる。元代は

モンゴル、清代は満洲族が支配民族だったのだから、当たり前といえば当たり前で、むしろ少ない方かもしれない。

"站"は「駅」の意味であるが、これはモンゴル語起源だとされる。世界史でもモンゴルの駅伝制度として「ジャムチ」というのが出てくる。北京に観光に行くと、中心部に"胡同 hútòng"がある。入り組んだ路地のようなものをそう呼んでいるが、これはモンゴル語の「井戸」を表す語の音訳である。中国の西方に「ゴビ砂漠」があるが、「ゴビ」はモンゴル語で「砂漠」の意味。漢字で書くと"戈壁 gēbì"である。

「話がくどい」の意味で、"啰嗦 luōsuo"という言い方がよく使われる。漢字を見ても意味がわからないが、こちらは満洲語起源で、「春になっても雨や雪が多い」から来ているのだという。

「お兄さん」の意味で使われる"哥哥 gēge"も外来語説があり、鮮卑語、あるいは突厥語由来ではないかという。確かに"哥"の字は「歌」の意味であり、「お兄さん」の意味はない。南北朝時代の北魏（鮮卑族の王朝）からこの語が出現するとするならば、その可能性はあるだろう（史有为《外来词：异文化的使者》など）。

◈ 原因—結果構造

現代中国語では、次のような構造が発達している。

　　我打开箱子了。Wǒ dǎkāi xiāngzi le.
　　（私は箱を開けた。）

"打开"の"打"は、「〜する」という動作を表し、"开"はその結果として「開く」を表している。"打开"はこの2文字で「開ける」を表

す他動詞として使用可能である。

　古文では、自動詞でも後ろに目的語をつけると、無理やり他動詞に転換させることができた。例えば、"死 sǐ"という字は、「死ぬ」を表す自動詞だが、"死之 sǐ zhī"とすると「これを死なす」となって、他動詞に変わる。しかし現代語になる過程で、「他動詞＋結果を表す自動詞・形容詞」が合体して一つの単語としてふるまうようになった。

　　武松打死了老虎。Wǔsōng dǎsǐle lǎohǔ.
　　（武松が虎を殴り殺した。）

　この例の"打死"は「殴る」という他動詞に、自動詞の「死ぬ」が合体して一つの単語になり、「殴り殺す」の意味になっている。次のような比較をしてみよう。

　　电脑坏了。Diànnǎo huài le.
　　（パソコンが壊れた。）

　　我弄坏了我的电脑。Wǒ nònghuàile wǒ de diànnǎo.
　　（私は私のパソコンを壊した。）

　　电脑弄坏了。Diànnǎo nònghuài le.
　　（パソコンが壊れた。）

　"坏〔壊〕"は、「壊れる」の意味だから、"电脑坏了。"は「パソコンが壊れた。」であるが、"弄坏"とすると、他動詞の"弄（～する）"が加わることによって、「壊す」の意味を表せる。「壊す」は他動詞だから、"我弄坏了我的电脑。（私は私のパソコンを壊した。）"のように、主語と目

的語をともなうことができる。"弄坏"に近いものに、"弄湿 nòngshī"がある。こちらも、「濡らす」の意味になる。

これらは、「他動詞＋結果を表す自動詞・形容詞」のパターンであるが、「自動詞＋結果を表す自動詞・形容詞」の場合もある。

张三哭湿了手绢。Zhāng Sān kūshīle shǒujuàn.
（張三はハンカチを泣き濡らした。）

胖子坐塌了椅子。Pàngzi zuòtāle yǐzi.
（太っちょが椅子を座り壊した。）

他吃坏了肚子。Tā chīhuàile dùzi.
（彼は食べて腹を壊した。）

"哭湿"は「泣く＋濡れる」なので、どちらも目的語を取らないのに、合体して一つになると、他動詞のように使えてしまう。例文では、"哭湿了手绢"と、「ハンカチ」を目的語に取っている。次の例文では"坐塌"で、「座る＋壊れる」であるが、「座った結果として壊す」の意味、3番目の例文も「食べる＋壊れる」であるが、「食べたことによって（腹を）こわす」の意味になる。まとめて言えば、「原因＋結果」の語構成で一つの単語になっているのである。

◆**読書案内**
　このような語構成の単語とその構造については、石村広『中国語結果構文の研究　動詞連続構造の観点から』（白帝社、2011年）が詳しい。

［参考文献］

荒川清秀 (1997)『近代日中学術用語の形成と伝播　地理学用語を中心に』白帝
　　社

斎藤希史 (2014)『漢文脈と近代日本』角川ソフィア文庫

千葉謙悟 (2010)『中国語における東西言語文化交流——近代翻訳語の創造と伝
　　播』三省堂

陳力衛 (2001)『和製漢語の形成とその展開』汲古書院

陳力衛 (2019)『近代知の翻訳と伝播　漢語を媒介に』三省堂

中川正之 (2013)『漢語からみえる世界と世間』岩波書店

史有为 (2004)《外来词：异文化的使者》上海辞书出版社

第三章

中国語の品詞と文成分

日本語でも英語でも、その他言語でも、文法を学ぶと「品詞」なる概念が出てくる。中国語の品詞は大きく分けると動詞、形容詞、名詞（＋代名詞）、副詞、介詞（前置詞）、連詞（接続詞）、感嘆詞、量詞となる（それぞれ、もう少し細かく分けることはできる）。

　「品詞」とまぎらわしいものに、「文成分」がある。「文成分」とは、主語、述語、目的語、修飾語、連体修飾語、連用修飾語などのことである。概略的に言えば、「単語」とは部品のようなものであり、その部品には「品詞」というラベルがついている。その単語を組み合わせて実際に文にしたときに、文の中でその語がどのような働きをしているかを表すのが「文成分」である。

　例えば「私は大きいペンを持つ」という文について考えてみよう。「私は」は名詞の「私」と助詞の「は」をくっつけて主語の「私は」を作り、形容詞の「大きい」が連用修飾語となって名詞の「ペン」を修飾し、「大きいペンを」全体で目的語を構成している。「持つ」は動詞の「持つ」で述語になっている、と説明することができる。

　日本語の品詞は、基本的には文の中でどの位置を占めることができるか（どのような文成分になれるか）と、形に従って分類している。まず述語になれるものを「用言」と一括し、そのうち終止形がウの段で終わるもの（つまり母音がウ）を動詞、「美しい」のように、「い」で終わるものを形容詞、「静かだ」のように「だ」で終わるものを形容動詞としている。

　このように、品詞の分類は通常、「文の中でどのような位置を占めるか（どのような文成分になれるか）」と「形」で行う。しかし、中国語は形態変化が乏しいという特徴を持つ。このため、中国語の単語には「定まった品詞がない」などという説もかつてはあった。

　本章では、中国語の品詞の問題、そして文成分の問題について考

えていこう。

◈ 現代的な「文法」研究のスタートと品詞

　「文法」と聞くと、どのようなことを思い浮かべるだろうか。西洋の言語を勉強すると、最初に直面するのが、変化形の暗記である。フランス語やドイツ語、スペイン語などでは、動詞が主語の人称や数によって形を変えるし、ロシア語などでは名詞も格によって複雑に変化するから、まずはどのように変化するのかを暗記しなければならない。日本語でも、江戸時代の文法研究といえば、活用形の研究が中心だった。

　中国では伝統的に、「字音」の研究や「字義」の研究は盛んに行われていた。しかし、現代で思い浮かべるところの「文法」、つまり語形変化や統語についてはあまり問題にされていなかった。語形変化がほとんどないのだから、形態についての研究はされるはずがないし、統語についても表面的には字を並べればよい。語をどのように並べるかの問題は、文法というよりも修辞の問題とされていた。今の日本でも、日本語文法はあまり注目されない一方で、「文の書き方」は学校教育でも重要視されている。母語の語順がわかるのは当たり前であり、それよりはどう文を作るかのほうが大切だと思われるのだろう。

　そんな中、現代的な「文法」が研究されるようになったのは、西洋の学問の影響である。最初の文法書と言われるのが、馬建忠の『馬氏文通』(1898年、1899年) である。「文通」とは文法のことで、ラテン語文法を基礎にして中国語を分析した。1845年生まれの馬建忠は李鴻章の幕僚で、国際法を学ぶためにパリに留学もした。政治家としても、朝鮮半島を巡って活躍したほか、日清戦争後の下関条約締結の際には、李鴻章と共に来日している。

『馬氏文通』はラテン語や英語、フランス語の文法を参照にしているので、当然のことながら品詞の概念も導入された。まず大きく実字（実詞）と虚字（虚詞）に分けたうえで、実字の中に、名字（名詞）、代字（代名詞）、動字（動詞）、静字（形容詞）、状字（副詞）を含める（ただし、状字については実字とも虚字とも書かれていない）。虚字には介字（前置詞）、連字（接続詞）、助字、嘆字が含まれる。品詞分類については呼び方が異なっているだけで『馬氏文通』のころから現在の中国語学までほぼ変わっていない。

　呼び方としては「動詞」を「動字」というように、「詞」を「字」としていることがわかる。中国の「字」本位主義をここからもうかがうことができるが、『馬氏文通』が分析しているのは話し言葉ではなく文言（日本で言うところの漢文）なので、1文字単位で理解できるものが圧倒的に多いからでもある。

　『馬氏文通』はこのように、中国語文法に初めて「品詞」の概念を導入したのだが、同時に「字無定類」、つまり「字（単語）には定まった品詞がない」と述べている。なぜそのような発想になるのかといえば、中国語では同じ字（単語）であるにもかかわらず、形を変えずそのまま異なる文成分になれるからである。この傾向は、文言文では顕著である。

　例えば、「大きい」「小さい」の品詞は何だろう。どう考えても形容詞である。しかし、文言では、次のように、副詞的にも動詞的にも使える。

　　今天大旱（墨子）（今、空は大いに干ばつである）
　　登太山而小天下（孟子）（泰山に登ると天下が小さくなる）

　「大旱」の「大」は「大いに」の意味を表すので、副詞的な用法

になっている。次の「小天下」は「天下を小さいものにする」ということなので、「小」は動詞として使われていることがわかる。ただし、本来の品詞とは異なる品詞の使い方にするときには、声調を変えること、とりわけ去声に変えることが多かったという。これを破読と呼ぶ。現代語でも"教"は「教える」と動詞のときは一声 jiāo、名詞で使うときは四声 jiào になるし、"种"は「種」の場合には三声 zhǒng、動詞に転じる場合には四声 zhòng になるのと同じである。声調が違うということは、もはや同じ単語ではないとも言えるが、伝統的には「字」本位主義なので、「同じ語ではあるけれども発音を変える」と考えられていた。

　名詞も副詞的に使われたり、動詞的に使われたりする。

　　雲散霧消
　　漱石枕流

　「雲」や「霧」は名詞だが、「雲散霧消」は「雲のように散り、霧のように消える」だから、「雲」の字も「霧」の字も動詞を修飾している。動詞を修飾するのは副詞である。副詞的に使われているのだ。夏目漱石のペンネームの由来「漱石枕流」は「石で口をそそぎ、流れを枕にする」の意味だが、「枕」は「まくら」という名詞であるけれども、後ろに目的語を従えると「まくらにする」の意味の動詞になることが可能なのである。

　このように、中国語では形を変えずに別の品詞が担っているような役割を果たしてしまう。その点は現代中国語でも同様である。

我学习汉语／学习很重要。

Wǒ xuéxí Hànyǔ / Xuéxí hěn zhòngyào.

(私は中国語を勉強する／勉強することは重要だ。)

他很认真。／认真学习／认真是一种人生态度。

Tā hěn rènzhēn. / rènzhēn xuéxí / Rènzhēn shì yì zhǒng rénshēng tàidù.

(彼はまじめだ。／まじめに勉強する／まじめさは一種の人生の態度である。)

"我学习汉语（私は中国語を勉強する）"の"学习"は、「勉強する」の意味の動詞である。ところが、"学习很重要。（勉強することは重要だ。）"で"学习"は「勉強すること」と、名詞的に使われている。とすると、この"学习"は動詞なのだろうか、それとも名詞なのだろうか。"他很认真。"の"认真"は、「まじめだ」の意味の形容詞だが、"认真学习"では、「まじめに勉強する」であり、"认真"は動詞である"学习"を修飾している。動詞を修飾するのは副詞だから、副詞的に使われている。さらに"认真是一种人生态度。"では、"认真"が主語になっており、日本語に訳すと「まじめさ」になってしまう。ということは名詞のように使われていることがわかる。

◈「品詞」を巡る議論の歴史

『馬氏文通』は文言を対象とした文法であった。20世紀初頭まで、正式な文といえば文言だったのである。白話（口語に基づく新たな書き言葉）がほぼ全面的に使われるようになるのは、1919年の五四運動前後からである。

1924年、黎錦熙が書いた『新著国語文法』はこの白話を分析対象とする文法書であった。以降の文法書は、この『新著国語文法』の

影響を強く受けることとなる。黎錦煕は「文に依って品詞を見極める、文を離れて品詞はない（依句辯品，离句无品）」と考えた。西洋の文法はまず品詞を打ち立てて、そこから文を組み立てる発想になっている（品詞本位）が、中国語の場合にはまず文があって、そのなかでどのような働きをしているかを考えることを主張したのである。とすると、品詞、特に動詞、形容詞、名詞の区別は文中ですることになり、文になる前から独立して名詞や動詞があるわけではないことになる。

　ヨーロッパの言語には動詞なら動詞の活用形があるし、名詞には複数形でsがつく。品詞は形態として明らかである。が、中国語では動詞とされるものも名詞とされるものも形は変わらない。品詞なるものの定義を形の変化の仕方だと考えるなら、中国語には品詞がない、といってもよいことになる。高名凱は、形態がない以上、中国語の名詞・動詞・形容詞は「実詞」であり、分ける必要がないと主張し、論争を巻き起こすことになった。

　王力や呂叔湘は、品詞を意味で考えることにした。意味から考えるなら、"学習（学習する）"も"研究 yánjiū（研究する）"も動作を表すのだから、動詞である。主語になろうが、目的語になろうが、品詞自体は動詞のまま不変であるとしている。

　趙元任は、品詞の分類として"不 bù""了 le"をつけることができれば動詞、数量詞をつけられるのが名詞、と考えた。ヨーロッパの言語のように動詞や名詞そのものが形を変えるわけではないが、文法的な機能から品詞も弁別できると考えたのである。朱徳煕の考え方も趙元任に近い。品詞を意味から考えるべきではなく、文法機能から考えるべきとした。文法機能とは、他の語とどう結合できるかである。例えば形容詞なら、名詞の前で修飾語になれる、"很"などの程度副詞をつ

けられる、述語になれる、といったことから定義できると考えた。現在では、意味の面と、他の語とどのように結合できるかで名詞・動詞・形容詞・副詞を分類するのが主流である。

◈**読書案内**

　ここで名前を挙げた『馬氏文通』、黎錦熙『新著国語文法』、それから王力、呂叔湘、高名凱、趙元任、朱徳熙の諸著作は、中国語の文法を学ぶ上で、基礎的な文献となっているので、中国語学をこれから研究しようという人は押さえておきたいビックネームである。このうち、朱徳熙は日本語訳がある（『文法のはなし——朱徳熙教授の文法問答』中川正之・木村英樹編訳、光生館、1986年、と『文法講義——朱徳熙教授の中国語文法要説』杉村博文・木村英樹訳、白帝社、1995年）。また、20世紀に中国語文法がどのように考えられてきたか、その変遷を知るには龔千炎『中国語文法学史稿』（鳥井克之訳、関西大学出版部、1992年）が詳しい。

◈**「品詞」の分類方法**

　中国語の「品詞」は、明確な形を欠くため、分類が難しい。身もふたもない話だが、単に中国語をマスターしたいだけであれば、品詞を厳密に考える必要はあまりない。ひと昔前は、辞書にも品詞が載っていなかったくらいなのである。だが文法研究はそういうわけにはいかない。どのように考えればよいのだろうか。

◎形容詞と動詞

　中国語の形容詞と動詞は文法的な振る舞いが近い。以下の共通する特徴を持つ。

①述語になれる。
　　我学习。Wǒ xuéxí.（私は勉強する。）
　　味道很好。Wèidào hěn hǎo.（味がよい。）
②連用修飾語がつく。
　　我认真地学习。Wǒ rènzhēn de xuéxí.（私はまじめに勉強する。）
　　那本书非常好看。Nà běn shū fēicháng hǎokàn.（その本はとても面白い。）
③"了"をつけられる。
　　我学习了。Wǒ xuéxí le.（私は勉強した。）
　　脸红了。Liǎn hóng le.（顔が赤くなった。）
④否定に"不"をつけられる。
　　我不学习。Wǒ bù xuéxí.（私は勉強しない。）
　　脸不红。Liǎn bù hóng.（顔が赤くない。）

　では、違いはどこにあるだろうか。典型的な形容詞は、その前に"很"など、程度副詞を置くことができる。"大 dà（大きい）"にしても"好（よい）"にしても、「そこそこ大きい」から、「やたらと大きい」まで、程度があるものである。一方で、形容詞は主語の性質か状態を表すものだから、現代語では目的語を取らない。

　動詞は形容詞とは異なり、"学习汉语"などと目的語を取ることができる。もちろん、"休息 xiūxi（休む）""醒 xǐng（目覚める）"など、自動詞は目的語を取れないが、そのかわり"很"などの程度副詞をつけること

ができない点が形容詞と異なる。

　ただし、"很"などの程度副詞をつけられる動詞もある。"喜欢 xǐhuan（好きだ）""爱 ài（愛している）""怕 pà（恐れる）""相信 xiāngxìn（信じる）"などがそれにあたる。このうち「好きだ」は日本語の学校文法では形容動詞に分類されているとおり、心の中の状態を表すので、意味的にも形容詞に近い。これらは形容詞とは異なり、目的語を取ることができるので動詞である。まとめれば、以下のようになる。

　　程度副詞をつけられるが、目的語をつけられない → 形容詞
　　程度副詞をつけられないが、目的語をつけられる → 動詞
　　程度副詞をつけられず、目的語もつけられない → 動詞（自動詞）
　　程度副詞をつけられ目的語もつけられる → 動詞

◎名詞
　名詞は動詞と形容詞とはだいぶ異なるので、弁別は比較的簡単である。名詞は単独では述語にすることができず、"是"を必要とするし、否定する時も"不是日本人 bú shì Rìběnrén"のように、"不是"になる。"很"のような副詞をつけることもできないし、目的語を取ることもできない。

　これらの基準から最初に見た二つの単語"学习"と"认真"の品詞を考えてみよう。

　"学习"は、"学习汉语"のように、目的語をともなえるが、程度副詞をつけられないので、動詞である。"认真"は、"很认真"のように、述語になってかつ程度副詞をつけられるが、目的語を取れないので、形容詞と判断することができる。

◎副詞

　中国語の形容詞は"认真学习（まじめに勉強する）"のように、形を変えずに連用修飾語として使えるものも多いが、これらは副詞とは考えない。副詞とは、連用修飾語（動詞や形容詞を修飾）にしか使えないものを言う。"很"は、形容詞や動詞を修飾できるけれども、述語になることはできないので副詞であるが、"认真"は述語になれる。

　意味はそっくりだが、言われてみると文法的には異なるものに、"突然 tūrán"と"忽然 hūrán"がある。どちらも「突然」の意味で、ほとんど同じようだ。しかし、"突然"は"突然来了（突然来た）"のように、動詞を修飾することもでき、"很突然（突然だ）"のように述語になることもできる。"不突然（突然ではない）"と否定することもできるから、形容詞である。ところが"忽然"は、"忽然来了（突然来た）"のように、動詞を修飾する連用修飾語になれるが、"很忽然"という言い方はないし、述語になることも否定することもできない。連用修飾語にしかなれないから、これは副詞である。

◎区別詞

　中国語の品詞では区別詞というカテゴリーを設けることがある。区別詞とは、名詞を修飾するのにしか使えないもので、例えば現代中国語の"男 nán""女 nǚ""金 jīn"などは、単独で使うことができない。「男」と言いたいときには、"男的 nánde""男生 nánshēng"と言うし、「女」と言いたいときは"女的 nǚde""女生 nǚshēng"と言う。しかし、「男の学生」「女の学生」のときにはそれぞれ"男学生 nán xuésheng""女学生 nǚ xuésheng"となり、この場合の"男""女"は"学生"を修飾している。このように、現代語では単独で使えなくなったものが区別詞である。

金属では、"金""银 yín"は単独で使用することができなくなっている
が、"铜 tóng"はまだ単独で使用可能である。"金""银"は区別詞、
"铜"は普通の名詞と呼べる。日本語文法にも「連体詞」という区分
があるが、言語ではどうしてもこのような例外的な語が生じてしまうもの
である。

◈ **主語になっている動詞は名詞か?**

さて、中国語の動詞は、以下のように名詞的にも使われるのであっ
た。

学习汉语很重要。Xuéxí Hànyǔ hěn zhòngyào.
(中国語を勉強することは重要だ。)

这本书的出版让我们失望。
Zhè běn shū de chūbǎn ràng wǒmen shīwàng.
(この本の出版は我々を失望させた)。

一つ目の例で"学习汉语 (中国語を勉強すること)"は主語になってい
る。主語の位置では、英語でも日本語でも「中国語を勉強すること」
のように、名詞になっていなければならない。次の"这本书的出版 (こ
の本の出版)"では、"出版"に連体修飾語がついている。連体修飾語
は名詞につくものだから、"出版"は名詞と考えなくてはならないように
思われる。

しかしながら、中国語学では"学习""出版"の品詞自体は動詞の
ままで変わっていないと考えるのが主流である。なぜなら、"认真学习
汉语很重要 (まじめに中国語を勉強することは重要だ)"のように、連用修飾

語を追加することが可能だったり、"这本书的不出版（この本が出版され
ないこと）"のように、"不"をつけられたりするからで、動詞としての性質
を失っていないと考えられるからである。

とはいえ、統語としては"学习汉语很重要。"の"学习汉语"は主
語なのだから、名詞句と分析するのが妥当だろう。このあたり、品詞と
しては動詞なのに、全体としては名詞句になるという、ちぐはぐした考
え方になっている。

また、「中国語を熱心に勉強する」と言うと、その勉強する動作が、
文字通り動態的に感じられる。動態的に感じられるのは、時間的な流
れを感じるからである。ところが主語になったり、目的語になったりして、
「中国語を勉強することは重要だ」のようになると、その勉強のプロセス
を一括して捉えているように感じられる。認知言語学では、前者を「連
続スキャニング」と呼び、後者を「一括スキャニング」と呼んでいる。
中国語では形こそ変わらないものの、主語になっている時などには、「一
括スキャニング」になっているのは日本語や英語と同じだと思われる。

◈ **形は同じでも品詞が変わっている例**

形はまったく同じでも、品詞が異なると考えざるをえないケースも多
い。そんな例を見てみよう。

很科学 hěn kēxué（科学的だ）

很客观 hěn kèguān（客観的だ）

很革命 hěn gémìng（革命的だ）

一个典型 yí ge diǎnxíng（一つの典型）

很典型 hěn diǎnxíng（典型的だ）

"科学"は、「科学」であり、名詞である。しかし、「科学的だ」の意味でも、そのまま"科学"と言う。その場合、"很"がついて"很科学"と言える。同様に、"客观"は「客観」のことであるが、"很客观"と言うと、「客観的だ」の意味になる。形は変わらないけれども、意味が形容詞になるし、"很"もつくので形としても形容詞だ。"革命"は、本来的には動詞で、「革命する」の意味である。しかしながら、"很革命"のように使うと、「革命的だ」に変化する。これは形容詞としか言いようがない。"典型"も名詞と形容詞の両方を兼ねている。"一个典型"は、「一つの典型」という意味で、「一つの」と数えられるわけだから名詞である。しかし、"很典型"と言うと、"很"もついているし意味も「典型的だ」に変わる。

さらに、一部の動詞は次のように名詞になってしまうことがある。

语言研究 yǔyán yánjiū　　社会调查 shèhuì diàochá

有研究 yǒu yánjiū　　　　进行研究 jìnxíng yánjiū

"语言研究"の"研究"は、「研究する」の意味の動詞、"社会调查"の"调查"は「調査する」の意味の動詞であるが、この場合はいずれも名詞になっていると考えられる。なぜなら、"语言不研究""社会不调查"のように言うことができないので、すでに動詞としての性質を失っていると考えられるからである。日本語で考えても、「言語研究」「社会調査」では、名詞である。また、"有研究"では「研究がある」、"进行研究"では「研究する」だが、それぞれ"有""进行"の目的語になっている。このような例も名詞化していると思われる。

先ほど、形容詞は「目的語を取らないもの」と定義されたが、一部

の形容詞は目的語をつけることが可能で、例えば次のようなものである。

他红了脸。Tā hóngle liǎn.
（彼は顔を赤らめた。）

丰富文化生活。Fēngfù wénhuà shēnghuó.
（文化生活を豊富にする。）

完善制度。Wánshàn zhìdù.
（制度を完備する。）

浪费时间。Làngfèi shíjiān.
（時間を浪費する。）

"红"は「赤い」であるが、「顔を赤らめる」では"红了脸"とすることができる。"脸红了"だと、「顔が赤くなった」であるが、目的語に"脸"を持ってくると、動的に感じる。"丰富"は「豊富だ」という意味であるが、「豊富にする」の意味に転換することが可能であるし、"完善（完備している）"も「完備する」の意味の他動詞に転換可能である。"浪费"は"很浪费"などと言えるように、形容詞として「浪費だ」の意味で使えるが、"浪费时间"だと、「浪費する」という動詞的な意味になる。これらは、形は変わっていないが、動詞として使われていると考えていいだろう。

　以上のように、形に現れない中国語では、英語や日本語のようには分析できないところがある。そもそも論として、英語や日本語のような言語と同じように分析してよいのだろうか、という疑問もある。沈家煊《名词和动词》は、英語などでは名詞と動詞のカテゴリーは分かれているが、中国語では「大名詞」の中に「動詞・形容詞」も包摂されるとい

う考えを示している。沈の論考は日本語でも『現代中国語　文法六講』(古川裕訳、日中言語文化出版社、2014年) で読むことができる。

◈読書案内
　中国語の品詞分類について分かりやすく書かれているものとしては、三宅登之『中級中国語　読みとく文法』(白水社、2012年) が最初に挙げられる。専門的には朱徳熙『文法講義——朱徳熙教授の中国語文法要説』(杉村博文・木村英樹訳、白帝社、1995年) や朱徳熙『文法のはなし——朱徳熙教授の文法問答』(中川正之、木村英樹編訳、光生館、1986年) を読んだ後、郭鋭《现代汉语词类研究》(商务印书馆、2002年) に進みたい。

[参考文献]
黎锦熙 (1924 (1992))《新著国语文法》商务印书馆
沈家煊 (2016)《名词和动词》商务印书馆

第四章

中国語における主語、主題、目的語

◆ 中国語の「目的語」の多様性

　中国語の形容詞は本来的には目的語を取ることができない。しかし前章で見たように、"他紅了脸。""完善制度。"のように、動詞的に転用されて目的語を取ることが少なからずある。動詞の多くは目的語を取ることができるから、「動詞＋□」という枠組みが作られている。この枠組みに一部の形容詞をスライドさせれば、その時点でその形容詞は動詞的に変化する。

　と考えると、やはり中国語では、単語の品詞というよりも、構文のほうが大事なのではないかと思えてくる。先に見た古文の例 "登太山而小天下" の、"小" が形容詞ではなく「小さくなる」という動詞的な意味で使われているのがわかるのは、"小天下" と、"小" の後ろ側に目的語と思われるものがついているからである（ただし、古代では声調を変えていた）。"认真学习" の "认真" が「まじめだ」ではなく、「まじめに」の意味であることも、語順でそのように判断しているだけだ。

　語の並びだけで決まっていることが多いわけだから、どのように語が並んでいるかが、英語や日本語などよりも重要になる。

　英語はSVOで日本語はSOVなどとよく言われるけれども、なぜこの三つが特に取り上げられるかと言えば、文の根幹がこの三つだからである。すなわち、主語、動詞（述語）、目的語である。目的語とは、英語で言えばobject。「対象」と訳してもいいように、典型的には動作の対象が目的語になる。「ご飯を食べる」なら、食べる動作の対象がご飯であるし、「男を殴る」なら、「殴る」動作が「男」を対象に行われている。

　だが、VとOとの関係は、もっと複雑である。日本語では目的語は「を」を使って表すが、「穴を掘る」の「穴を」は動作の対象とはいい

がたい。なぜなら、掘る前に穴は存在しないのだから、厳密に言うなら「土を掘って穴にする」と言わねばならないだろう。「お湯を沸かす」だってそうだ。もうお湯になっているものをさらに火にかけているわけではない。水を沸かしてお湯にしている。「家を建てる」も同様である。つまり、動作の結果が目的語になっている。英語でも dig a hole, build a house などと言えるから、やはり目的語の位置に動作の結果を置けることがわかる。

　では、「空を飛ぶ」「道を歩く」などはどうだろうか。「飛ぶ」「歩く」行為が、空や道に及んでいるわけではない。これは単純に移動の経路を表しているだけだ。英語ではこのような移動の行われる場所は目的語にできないので、fly in the sky ,walk on the road などのように言う。

　中国語はこの V と O の関係性が意味的にはより多様である。VO の形式だけで多様な関係を表してしまうのである。まず、日本語や英語同様、動作の結果出現するものを目的語にすることができる。"做饭 zuòfàn（ご飯を作る）" "盖房子 gài fángzi（家を建てる）" "包饺子 bāo jiǎozi（餃子を作る）" などである（付言すれば、「餃子を作る」は「餃子を包む」と表現する）。

　場所を表す言葉も目的語になる。"去北京 qù Běijīng" は「北京に行く」、"飞上海 fēi Shànghǎi" は「（飛行機で）上海に行く」とできる。この場合、日本語なら「に」、英語なら前置詞の to を使うものが VO の形で表されている。もちろん、移動する場所も目的語になるので、"走路 zǒulù（道を歩く）" "过马路 guò mǎlù（大通りを渡る）" "逛街 guàng jiē（街をぶらつく）" などといった表現が可能である。

　"下车 xià chē（車を降りる）" "离开东京 líkāi Dōngjīng（東京を離れる）" は、いずれも起点が目的語になっている。日本語でも「を」を使って

表現できるが、「車から降りる」「東京から離れる」ということも可能だ。一方、中国語では"下海 xià hǎi（海に入る）"という表現もある。"下車"と形はそっくりだが、この場合は起点ではなくて着点が目的語になっているパターンである。

　中国語では疲労回復を"恢复疲劳 huīfù píláo"というが、これも論理的ではないと論争になったことがある。直訳すると「疲労を回復する」になってしまい、おかしいというのだ。実際には「疲労から回復する」の意味である。

　"救火 jiùhuǒ"の構造もしばしば話題に上る。直訳すると「火を救う」になりそうだが、火を救ってしまったら放火魔である。実際には"救火"というと、火事を消す、の意味になるから、直訳すると「火から救う」であろう。

　さらに、例外的な用法としては"吃大碗 chī dà wǎn（大きいお碗で食べる）""写仿宋体 xiě fǎngsòngtǐ（明朝体で書く）""照镜子 zhào jìngzi（鏡に映す）"などがある（「明朝体」は中国語だと"仿宋体"、すなわち、宋の時代の書体を模倣したもの、という言い方になる）。この用法では、目的語にその動作を行うための道具が来ている。極めて例外的な用法で、通常は"用筷子吃 yòng kuàizi chī（箸で食べる）"のように、前置詞"用"を使う。"照镜子"も、鏡を照らしているわけではなくて、鏡を使って照らしているわけなので、目的語の位置に道具が来ている。

　"打扫卫生 dǎsǎo wèishēng（掃除をする）"もよくわからない構造である。"打扫〔掃〕"は「掃除する」の意味、"卫生〔衛生〕"は「衛生」なので、「衛生を掃除する」になってしまう。これでは意味不明である。実際には「衛生的にするために掃除する」ということである。ＶとＯの意味的関係を分類したものとしては、一般向けでは相原茂『読む中国語

文法』（現代書館、2015年）が挙げられる。そこではなんと、14種類もの関係が挙げられている。

　なぜこんなにも VO の意味的関係が豊富（もとい、いろいろ詰め込んでいる）のだろうか。

　文において、中核をなすのは述語（動詞）である。中国語は語順が文法的に重要なのであった。中核をなす動詞が真ん中にあるとすると□ V □と、その前後に二つのスロットができることになる。いちおう、SVO などと呼ばれ、V の前後はそれぞれ「主語」と「目的語」だということになっているが、すでに見たように O の位置に来る語は、意味的には object でもなんでもないようなものも多い。実を言うと、V の前に来るものも S と呼んでいいかどうかよくわからないものがある。

　そこで、S と O という用語をいったん括弧に入れて、V の前の□を一つ目に V と関係する名詞（第一項）、後ろの側の□を二つ目に動詞と関係する名詞（第二項）としておこう。中国語では、「V と関連させられる二番目の名詞」をできる限り使用し、意味的に多様な関係を表していると考えることができる。もっとも、VO の語順だけで意味的に多様な関係を表すのは中国語の専売特許というわけではない。タイ語でも動詞＋名詞の形だけで「食べる＋箸 → 箸で食べる」「濡れる＋水 → 水に濡れる」「酔う＋酒 → 酒に酔う」「寝る＋ベッド → ベッドに寝る」などを表すことができるという。

　このように考えると、SVO の VO なる言い方は、あまり適切ではないかもしれない。中国語でも動詞の直後に置かれる第二項が典型的には動作の対象（目的語）である点は変わらないが、そうでない意味の名詞も同じ位置に来ることができる。

◈ **主語と主題**

　次に □ Ｖ □ の形式の、Ｖ の前に来る第一項について考えてみよう。

　英語で Ｖ（動詞）の前に来るのは、Ｓ（主語）である。中国語でも、動詞の前の第一項のほとんどは英語の主語と同じような意味のものが来る。日本語や中国語は、「主題卓越型言語」と呼ばれている。主題とは話題とも呼び、英語で言えば topic である。

　主題卓越型言語では、話題になっていることは前に出すことができる。例えば、"汉语，我学习（中国語は、私は勉強する）" のように言うことが可能である。通常の語順であれば "我学习汉语" となりそうなところであるが、目的語の位置にある "汉语（中国語）" を先頭にしているのである。この場合、「中国語に関して言えば、私は勉強する（他は知らないけれども）」のような意味になる。あるいは、「あなたは中国語を勉強しているの?」と聞かれたケースなどで、すでに「中国語」が話題になっているときである。

　さらに、"汉语学习，英语不学习 Hànyǔ xuéxí, Yīngyǔ bù xuéxí（中国語は勉強するけれども、英語は勉強しない）" のような言い方も可能だ。この場合、□ Ｖ □ の第一項は、意味的には目的語である。それが Ｖ の前の位置に置かれているので、「主語」ではなく、「主題」と呼ばれる。

　さらに、こんな例もある。

　　鸡不吃。Jī bù chī.
　　（鶏は食べない。）

　この文は、中国語原文も日本語に訳したものもあいまいである。括弧で示した日本語訳で考えてみよう。「鶏は食べない。」には二つの解釈

が考えられる。一つ目の意味は、「鶏が（何かを）食べない」の意味。二つ目は「（誰かが）鶏を食べない」の意味である。例えば、Aさんが、「私、牛肉が大好き」と言うので、Bさんが「じゃあ鶏肉は?」と聞いたとする。Aさんがそれに対して「鶏は食べない」と言った場合、Aさんが鶏を食べないと言っているのであり、鶏が何かを食べないわけではない。

　日本語の「は」は主題を取り立てる助詞とされる。主題は主語と一致することが多いものの、必ずしもそうとは限らない。意味的には目的語にあたるものを主題にすることも可能で、「鶏を食べない」の意味で「鶏は食べない」ということができる。

　中国語の場合も同じで、文の先頭には主題を置く。"鸡不吃。"はこれだけでは「鶏は食べない。」と同様にあいまいである。「このエサ、鶏は食べるかねえ?」という話をしてるときに、"鸡不吃。"と言ったなら、「鶏が食べない」の意味になるが、今日の夕ご飯に鶏肉を食べるかどうか議論しているのであれば、「鶏を食べない」の意味になる。

　日本語では、「東京には行く」や「ナイフでは私は切らない」のように、「が」や「を」以外の助詞に「は」をつけて話題にすることもできる。中国語でも、

　　东京不去。Dōngjīng bú qù.
　　（東京には、私は行かない。）

　　用小刀我不切。Yòng xiǎodāo wǒ bù qiē.
　　（ナイフでは、私は切らない。）

のように、前に出せば主題とすることができる。また、中国語にも日本語のように次のような形式がある。

大象鼻子长。Dàxiàng bízi cháng.
（象は鼻が長い。）

　この場合の「象」は日本語でも中国でも主題であり、"鼻子长"はその説明となっている。

　さて、"鸡不吃。"が「鶏を食べない」の意味になるときに、"鸡"が「主語ではない」と考えるのは、英語などの言語の「主語」の概念を前提としているからである。英語などではSVOのSに来る語の意味役割が比較的固定的であり、だいたい主格と一致する。一番話題になりやすい意味のものだけを、Vの前の位置に固定するようになったのである。

　中国語は□V□の前に来る要素も、英語よりも柔軟である。第一項は、最初に参照するものだと考えればわかりやすいだろう。

考试终于考完了。Kǎoshì zhōngyú kǎowán le.
（試験は、ついに受け終えた。）

信写好了。Xìn xiěhǎo le.
（手紙は書けた。）

　「試験を受け終えた」の意味では、"考完了考试"のように、"考试"は目的語にもできるが、この例文では動詞よりも前に置かれている。この位置に来ると、最初に参照するものが"考试（試験）"だから、誰がその試験を受けたのかはまったく関心の外に置いている。話題として「試験」を取り出したうえで、その試験が終わったことを言うのである。次の例文も「手紙をきちんと書いた」を表すのであれば、"写好了信"

の語順にもなるが、"信"を主題にすると、"信写好了。"となる。

　最初に参照にするもの（第一項）は、すでに話しても聞き手も知っていることであることが多い。話し手も聞き手も知っている情報を旧情報と呼ぶ。旧情報は主題になりやすい。

　　这个药我一天得吃三次。Zhège yào wǒ yì tiān děi chī sān cì.
　　（この薬は、私が1日に3回飲まなければならない。）

　"这个药"は「この薬」なので、「飲む」の目的語になるから、動詞の後に置いて"我一天得吃三次这个药。"と言えそうである。しかし、実際には前に置くのが普通である。なぜなら、「この薬」と、薬が特定化されている。特定化されているものは、すでに話し手も聞き手も知っているということである。

　さらに言えばこの場合、"这个药（この薬）"を"我一天得吃三次（私が1日3回飲む）"が説明している構造のようにも思える。「この薬は、おいしい」なら、「この薬」は間違いなく主語で、「おいしい」は述語である。「おいしい」が「私が1日3回飲む」に置き換わっていると考えると、「この薬」は主語で、「私が1日3回飲む」が述語になっている構造と考えることも可能である。単に目的語を先に言っているとは考えない方がいいかもしれない。

　いずれにしても中国語では、特定化されているものは主題として先に出し、不特定のものは目的語（というよりは動詞の後ろ）に持ってくるという強い傾向がある。

◈**読書案内**

　趙元任は、「中国語の主語とは主題のことである」と述べて
いる（Chao, yuanren, 1968, *A Grammar of Spoken Chinese*, University of
California Press）。その後、中国語を含む「主題」についての
研究を発展させたのが Li, C & Thompson, S, 1976, *Subject
and topic*, Academic Press であり、現在でも基本文献とされて
いる。言語を越えた「主題」の概念および中国語の「主
題」については、徐烈炯・劉丹青『主題の構造と機能』（木
村裕章訳、日中言語文化出版社、2017年）がある。

◈ **自動詞には2種類ある**

　動詞は一般的に自動詞と他動詞に分けられる。他動詞は目的語をと
もなうものであり、自動詞はともなわないものである。しかし、実は自動
詞に分類されているものは、よくよく観察してみると、さらに2種類に分
類することが可能である。日本語で考えてみよう。

　A：来る、行く、走る、飛ぶ、起きる、座る
　B：開く、汚れる、沈む、壊れる、生まれる、死ぬ

　A のグループは、主語が意思を持って自分で行う動作である。一方、
B はどうだろう。「ドアが開く」「船が沈む」「ラジオが壊れる」などは、
主語が意思的にその動作を行っているわけではない。つまり、B グルー
プの自動詞は、主語の意思によらずに何かが起こっていることを表すも

のであり、主語は意味的には目的語に近い。「教室のドアが開いた」
と言うとき、風が吹いて開けたのかもしれないし、先生に「開けられ
た」のかもしれない。「先生がドアを開けた」を、ドアにだけ着目すると
「ドアが開いた」になるのである。

　日本語のBグループの自動詞「開く」「汚れる」「沈む」「壊れる」な
どは、対応する他動詞「開ける」「汚す」「沈める」「壊す」があることが
多い。「ラジオが壊れる」のような自動詞表現は、誰が壊したのかは見
ずに、「ラジオ」にだけ注目している表現である。話し手がドライバーで
いじくって壊したのかもしれないし、経年変化で壊れたのかもしれない
けれども、とにかく壊れたのである。

　さて、日本語では、「腹が痛い」「足がかゆい」「地震が起こる」などの
「痛い何か（腹）」「かゆい何か（足）」「起こる何か（地震）」は主語とし
て表している。

　ところがアジアには「腹が」「足が」「地震が」をそれぞれ「痛い」「か
ゆい」「起こる」などの目的語として表す言語もあるという。私は腹や頭
がよく痛くなるけれども、確かに腹が主体的に痛くなるわけではない。
外側から腹に痛みがやってくる、と言われると、そのようにも思える。と
すれば、「腹が痛くさせられる」に近いと言えば近いから、目的語になっ
ても不思議ではない。

　繰り返しになるが、動詞を中心とすると、第一項と第二項の二つの
項目を言語では利用する。「腹が痛い」の「腹」を、第一項にするか
第二項にするかは、微妙なラインなのである。

　中国語では自動詞と他動詞が同じ形をしていることも多い。

我开了门, Wǒ kāile mén,
（私がドアを開けて、）

门开了。Mén kāi le.
（ドアが開いた。）

　"开" が一つ目の例では「開ける」という他動詞、二つ目の例では「開く」という自動詞になっている（英語もどちらも open で表すように、自動詞と他動詞が同じ形をしていることがよくある）。

　"我开了门" では、□ V □のうち第一項と第二項が両方埋まっており、"门（ドア）" は第二項（目的語）になっている。"门开了（ドアが開いた）" は、単にドアが開いたことを表し、誰かが開けたかどうかについては何も言及されていない。風が吹いて勝手に開いたのかもしれないし、自動ドアかもしれない。とにかく、話し手は第一にドアに着目し、それが開いた、と述べているだけである。この場合、着目されているのはドアだけなので、論理的には第一項か第二項のいずれかの位置を取ることが可能であるが、中国語ではこうした場合、目立つものとして第一項の位置に持ってくる。

　だが、似たようなケースでも、"门" が第二項の位置に来ることがある。例えば

离我们最近的一间教室突然开了门，从里面冲出四个家伙。
Lí wǒmen zuìjìn de yí jiàn jiàoshì tūrán kāile mén, cóng lǐmian chōngchū sì ge jiāhuo.
（私たちから最も近い教室のドアが突然開いて、中から 4 人の男が飛び出してきた。）

この例では"突然开了门,"とあり、これは日本語にすると「ドアが突然開いて」と自動詞で訳すことになる。しかしながら、動詞と「ドア」の関係だけを見ると、動詞の後の第二項の位置に「ドア」が来ている。この場合、その後に「中から4人の男が飛び出してきた。」とあることからわかる通り、おそらくこの男たちがドアを開けたのだろうが、誰が開けたかついてはわかっていない。とすれば、"□开了门"の第一項が空欄になった状態と考えることができるから、「ドアが開いた」の意味で"开了门"の語順を取っても不思議ではない。

先ほどの例では、"开了门"の前に、"离我们最近的一间教室（私たちから最も近い教室）"と、ドアのある場所が来ていた。「ドアが開く」という現象の発生する場所が第一項の位置を占めているため、"门"は第一項の位置に移ることなく、第二項の位置にとどまっているのであろう。

このように、場所が先に来て、その後にその場所で起こる現象が続くものに、存現文と呼ばれる構文がある。次に、存現文について考えてみよう。

◈ **存現文の「主語」は何か**

「存現文」とは、次のようなものである。

場所	動詞	存在・出現・消失する物・人

我家里　来了　很多客人。Wǒ jiāli láile hěn duō kèrén.
（私の家にたくさんの客が来た。）

从门口　出来了　一个人。Cóng ménkǒu chūláile yí ge rén.
（門から1人の人が出てきた。）

黒板上　写着　　很多汉字。Hēibǎn shang xiězhe hěn duō Hànzì.
（黒板にたくさんの漢字が書かれている。）

　このように、どこかに何かが存在する、あるいは何かが出現すること
を表す時、「場所＋動詞＋存在・出現する物・人」の語順が取られる。
これが存現文である。「私の家にたくさんの客が来た。」なら、日本語
の感覚で言えば主語は「たくさんの客が」なのだから、"很多客人来
了"と"很多客人"が主語になりそうなのに、動詞の後ろに位置する。
次の例文でも"从门口（入り口から）"とまず場所が来て、次に動詞
"出来了（出てきた）"、最後に"一个人（1人の人）"になっている。三
つ目の例文では「黒板」がまず場所として挙げられ、次に動詞が「書
かれている」を表し、最後に「たくさんの漢字」が来る。これは黒板
上での存在を表す言い方である。

　この構文では、情報の焦点は動詞の後ろに来る存在・出現する物や
人である。よって、存在・出現する物は必ず不特定のものでなければな
らない。つまり、新しく認知されるものの存在・出現（ときに消失）を言う
ための構文である。

　存現文において、主語はどれなのかが論争となった。意味から考え
れば、動詞の後に来る存在したり出現したりする物や人が主語のようで
ある。だが、語順で判断するなら、動詞の前に置かれているのは場所
なので、場所のほうが主語であるとする考えもあった。

　主語がどれかという問題は、そもそも「主語」とは何かという定義の
問題になってしまう。本書では□ V □の形のうち、第一項の位置に場
所、第二項の位置に意味上の主語らしきものが来るのはなぜかについ
て考察しておこう。

この構文は動詞の後ろ側に来る存在物が、主体的な行為を行っていることを表す構文ではない。"我来了（私が来た）"という文の場合、「来た」は「私」の主体的・意志的動作であるが、"来了很多客人。"の場合、観察者から見て現象を描写する文であり、「たくさんの客」が「来る」という意志的行為を行ったことを表しているわけではないのである。

　むしろ、存現文における□Ｖ□の第二項は、自然発生（もしくは自然消滅）した何かであると考えられる。自然に発生するとは、発生させられるものである。先ほど、自動詞をＡグループとＢグループに分けた。Ａグループは主語の意思による動作を表すが、Ｂグループの主語は目的語に近い性質のものであった。存現文として今挙げた例の動詞を見ると"来""出来"で、これはもともとＡグループの自動詞であるが、この構文ではＢグループに変化していると思われるのである。Ｂグループの自動詞の主語とされるものはそもそも目的語に近い性質のものだから、第二項の位置に来ても何の不思議もない。"黒板上写着很多字"の"写着"は「書いてある」だから、その主語「たくさんの文字」は「書かれているもの」であり、やはり目的語に近いものである。

　中国語が誇る謎の構文として、『儒林外史』の次のものが有名である。

　　王冕死了父亲。Wáng Miǎn sǐle fùqīn.
　　（王冕は父が死んだ。）

　「死ぬ」は自動詞であるから、「父が死んだ」なら、"父亲死了"になる。しかし、「王冕は父が死んだ。」を表すのに、なぜか"死"の後ろ側に"父亲"が来ることがあるのである。

この構文は、存現文に近い。自動詞の「死ぬ」は、Aグループではなく、Bグループに属する。主語の意思によって行うものではなく、むしろ自然発生的に「起こされる」出来事である。とすれば意味的にも死ぬ人は目的語に近いから、"死"の後ろについても不思議ではない。誰かが死んだことだけを表す場合、項が一つだけなので、"我的父亲死了"のように、「死んだ人」を第一項の位置に置くが、もう一つ"王冕"のような項が追加された場合、それが第一項を占め、「死んだ人」は第二項の位置に置かれるのであろう。この場合の"王冕"は、その出来事が発生する場所として扱われていると考えられる。

"死"が第二項の位置に名詞を取っているものに、"死机"が挙げられる。これはパソコンなどの機械がフリーズして動かなくなることを指す単語である。パソコンは主体的に自爆して壊れるわけではなく、何らかの影響を被って動かなくなる（ように使用者には感じられる）わけなので、主語位置と目的語位置の二択だと、目的語位置のほうが選ばれるのだろう。

もう2例見ておこう。

莫非她翻了车吗? Mòfēi tā fānle chē ma?
（彼女の車がひっくり返ったのではないだろうか?）

西昌通铁路了。／铁路通西昌了。
Xīchāng tōng tiělù le. / Tiělù tōng Xīchāng le.
（西昌に鉄道が通った。／鉄道が西昌に通った。）

最初の例は、魯迅の短編小説「傷逝」の中の文である。"她翻了车吗?"は、語順から見ると、「彼女が車をひっくり返した」となりそう

だが、実際にはそうはならない。「彼女の車（人力車）がひっくり返ったのではないか？」と心配する意味である。車が自主的にひっくり返るわけではないので、何らかの要因が"翻了車"を引き起こすが、それが彼女という場所に発生する、を表すのが"她翻了車"である。

"西昌通鉄路了""鉄路通西昌了"は、どちらも客観的には同じであるが、前者は「西昌に鉄道が通った」であり、後者は「鉄道が西昌に通った」となる。中国語では「意味上の主語」と呼ばれたものが、非意志的である場合には第二項の位置に来て、第一項に場所が来ることはよくある、と言える。

◈読書案内

自動詞が二つに分けられるとするのは、Perlmutter, David. 1978. "Impersonal Passives and the Unaccusative Hypothesis," Proceedings of the Fourth Annual Meeting of the Berkeley Linguistics Society に始まり、本書で言うところの A タイプ自動詞を非能格、B タイプを非対格自動詞と呼んだ。日本語で非能格・非対格についてよくわかるものに、影山太郎『動詞意味論　言語と認知の接点』（くろしお出版、1996年）がある。中国語を扱ったものとしては、刘探宙《说"王冕死了父亲"句》（学林出版社、2018年）に研究史がまとめられている。

◈「他動詞＋結果」構造の自動詞用法

私が中国語を学習し始めのころ、次のような表現に疑問を持った。

箱子打开了。Xiāngzi dǎkāi le.
（箱が開いた。）

　"打开"は「開ける」になるのではないか。とすると他動詞なはずなのに、なぜ主語の位置に"箱子"が来ているのだろう、と思ったのであった。第二章（77頁）で見たように、"打开"は"我打开箱子了。"のように、他動詞として使うことも多い。先ほど述べたように、中国語では自動詞と他動詞で形が変わらないことがあるのだから、"打开"もそのように考えれば、"箱子打开了"も何の疑問も持たなくてよいようにも思うが、初学者のときの私は、"打"の存在が気になった。これは箱を開ける主体の主体的な動作のはずなので、その存在が消えていることが気になったのである。

　実際、"箱子开了"に比べて、"箱子打开了。"のほうが、誰かが開ける動作を行った感じがする。この文をどのようなときに使用するか考えてみると、例えばものすごく開きにくい箱があって、私がなんとか力ずくでこじ開けたとすると、ちょうどこの文を使うのにふさわしい。このケースでは、私が箱を開けたのだから、"我打开箱子了。"と言えそうな気がするのだが、実際には"箱子打开了。"のほうがピッタリくる。なぜなら、私が開けたかどうかはどうでもいいからだ。動作の主体が消えると、"□打开箱子"となり、第一項が空欄になる。この空欄の位置は、話題にするものだから、"箱子"がそこを埋めることができる。

　同様に、"电脑坏了"だと、自然に「パソコンが壊れた」という感じがするのに対して、"电脑弄坏了。"の場合には、パソコンに何らかの動作を加えた結果として壊れた感じがする。動作を行う主体は表現されていなくても、動詞自体の中に入っているのだと思われる。

第五章

連動文と前置詞

◆ 動詞句の連続と時間順序原則

　中国語は一つの文の中に、動詞句が二つ以上連続で用いられることの多い言語である。動詞、または動詞句が連続する場合、原則としては時間の順序通りに並べる。これを Tai, J. H-Y, Temporal Sequence and Chinese Word Order は「時間順序原則」と呼んだ。例えば

　　他跳上车，开走了。Tā tiào shàng chē, kāizǒu le.
　　（彼は車に飛び乗り、走り去った。）

　この例では、「車に乗る」動作の後、「運転して去る」という順番で叙述されているが、この順番を変えることはできない。
　もちろん、英語でも起こる順番に沿って動詞句を並べていくことはある。

　　Then he counted to thirty, waited one second more, got back on his bike and rode away.
　　（それから彼は 30 まで数え、もう 1 秒待ち、自転車に戻って走り去った。）
　　（Link, Kelly. Pretty Monsters . Penguin Young Readers Group. Kindle 版）

　このように単純に並べていくときには、英語でも出来事の起こる順番で並べるので、入れ替えることはできない。ただ、英語では to 不定詞を使ったり、動名詞を使ったり、その他従属節を使った表現を中国語より多用する。この際には、時間順序原則に従わなくてもいいケースがある。

After he had get up, he made a cup of coffee.

He made a cup of coffee, after he had get up.

　この両者どちらも、「彼は起きた後、コーヒーを入れた」の意味である。時間の順番から言えば、「起きる → コーヒーを入れる」であり、その逆ではない。逆だとすると、寝ながらお湯を沸かして豆をひいていることになってしまう。しかしこの表現では、After he had get up が従属節になっているため、主節の前に置かれていても、後ろに置かれていても文法としては適格である。

　中国語は語順が重要な言語だ。これは言い換えると、融通が利きにくいということでもある。

◈ 連動文

　動詞句などが並列的に連続するものを、連動文などと呼ぶ。連動文について Li and Thompson, *Mandarin Chinese : a functional reference grammar*（1981：594）は、「二つ、あるいはそれ以上の動詞句または節が並置され、かつそれらの間の関係を示すマーカーが何もないもの（two or more verb phrases or clauses juxtaposed without any marker indicating what the relationship is between them.）」としている。狭義の連動文は、連続する動詞句のうち、前者と後者が意味的に何らかの関連性を有しているものを言う。

　動詞句が連続する構造をつぶさに見てみると、意味的には確かに、連続する動作を並べているだけではないと分析できるものが多い。例を見てみよう（以下の例は、Chao, yuanren, *A Grammar of Spoken Chinese*, 李临定《现代汉语句型》, 杨彩梅《关系化对汉语句子的界定》などによる）。

工人艰苦劳动创造出来巨大财富。

Gōngrén jiānkǔ láodòng chuàngzào chulai jùdà cáifù.

(労働者は苦労して労働することによって、巨大な富を作り出した。)

この例では、一つ目の動詞句"艰苦劳动（苦労して労働する）"という手段・方法によって、二つ目の動詞句"创造出来巨大财富（巨大な富を作り出す）"ことになったことを表している、と分析することが可能である。

ただ、形式としてはやはり、「苦労して労働する」が先にあって、その次に巨大な富が作り出されるのだから、やはりまだ時間順序どおり並べているだけである。では次の例ではどうか。

张三买这栋房子吃了一个大亏。

Zhāng Sān mǎi zhè dòng fángzi chīle yí ge dà kuī.

(張三はこの家を買うのに大きな損をした。)

この例では、"买这栋房子（この家を買う）"が、次の"吃了一个大亏（大きな損をした）"の状況を表していると分析できる。とはいえやはり、「この家を買う」が先にあって、その結果として「大きな損」になっていることは変わらない。一つ目の動詞句は原因であり、二つ目がその結果とも言える。通常、原因のほうが時間的に先行するので、中国語では「原因 → 結果」の順で動詞句が並べられる。

张三带病参加了那场比赛。

Zhāng Sān dài bìng cānjiāle nà chǎng bǐsài.

(張三は病気のままその試合に参加した。)

一つ目の動詞句"带病"は、次の動詞句が表す「試合に参加」の状態を表している。病気の状態で試合に出たわけである。「病気になる → 試合に参加」という順番なので、やはり時間順序原則通り並んでいるとは言える。

　　张三正坐在椅子上看书。
　　Zhāng Sān zhèng zuò zài yǐzi shang kàn shū.
　　（張三はちょうど椅子に座って本を読んでいる。）

　この例では、一つ目の動詞句"正坐在椅子上"が、次の"看书"が行われている場所を表している。一つ目の動詞句と二つ目の動詞句は同時に行われていることである。とはいえ何らかの動作をするのに、どこかの空間に位置していることは前提である。前提が第一の動詞句を担っている、と考えることは可能であろう。

　　张三回家必须穿过那个村子。
　　Zhāng Sān huíjiā bìxū chuānguo nàge cūnzi.
　　（張三は家に帰るのにその村を通り過ぎる必要がある。）

　　张三救孩子差一点掉下深沟去。
　　Zhāng Sān jiù háizi chà yìdiǎn diàoxia shēn gōu qu.
　　（張三は子供を救うのにあやうく溝に落ちるところだった。）

　　人们买这种衣料常去王府井。
　　Rénmen mǎi zhè zhǒng yīliào cháng qù Wángfǔjǐng.
　　（人々はこのタイプの衣料を買うのに、しばしば王府井に行く。）

一つ目の例、一つ目の動詞句“回家”を分析的に「家に帰るとき
には」「家に帰るためには」などと訳すことが可能で、二つ目の動詞句
の時間、もしくは条件、目的などを表していると考えることができる。二
つ目の例は「子供を救う」ために「溝に落ちるところだった」なので、
一つ目は二つ目の動詞句の前提を表している。次の例も、「このタイプ
の衣料を買う」は次の「王府井に行くこと」の目的を表す。

　これらの例は、順番に起こる二つの出来事を並べたものではないが、
一つ目が発生することを条件として、二つ目の説明が続く構造なので、
「前提となること → その説明」となっていることがわかる。

　最後にもう1例見てみよう。

　张三放枪联络他的朋友。
　Zhāng Sān fàng qiāng liánluò tā de péngyou.
　(張三は銃を撃って友達に連絡した。)

　この例では、一つ目の“放枪（銃を撃つ）”と“联络他的朋友（友達
に連絡する）”は同時の出来事であり、連続で発生することではない。
「銃を撃つことによって、友達に連絡した」とパラフレーズすることがで
きるだろう。前者は、後者の方法を表しているのである。

　ただし、それはあくまで論理的に意味を分析した場合であって、「銃
を撃つ」という出来事がまず先にあり、それが「友達に連絡する」こと
につながるのだから、両者の間に因果関係を認めることが可能である。
「原因 → 結果」のパターンともみなすことができる。

　まとめれば、中国語では動詞句を連続させることが頻繁にあり、基
本的には「先に起こること → 次に起こること」の順番で並べる。先に

起こることは「前提」であったり、「原因」であったりすることから、「前提」「原因」を表す動詞句が先に来て、その説明や結果が次に来るパターンもある。

　意味的には細かく分類できるとは言え、形式としてはあくまでも関連する出来事を並べているのだと思われる。さまざまな関係を、並べるだけで表しているとも言えるだろう。

　このように、「連動文」の第一動詞句と第二動詞句には意味的な関連性が何かあることが多い。一方で、単に連続する動作を並べただけのものは「連動文」には含めないという考え方も存在している。だが、単に連続する動作を並べているだけなのか、二つの間に何らかの意味的関係があるのかはあいまいである。例えば

　　我去食堂吃饭。Wǒ qù shítáng chīfàn.
　　（私は食堂に行ってご飯を食べる。）

では、「食堂に行く」という動作の後で、「ご飯を食べる」が起こるのだから、単に時間軸に沿って発生する動作を一つずつ並べているだけとも取れるが、「食堂に行く」のは、「ご飯を食べる」ためだから、後者の動詞句 "吃饭" が前者の動作の目的を表している、と分析することもできるから、「連動文」に含めてもよい、とも言えてしまう。

　いま見てきたように、動詞句が二つ続く例では、前者が後者に少なくとも意味的に従属しているようである。構造的にも従属していると言えるかどうかは、議論が必要であろう。

　一点付記しておくとすれば、言語学の論文では「連動文」というと、二つの動詞句だけの例文が使われていることが多いが、書き言葉では

二つ以上連続して用いられることのほうが多い。例えば、

我走到黑板前的桌子后面，放下教具，慢慢抬起头，看学生们。
Wǒ zǒudào hēibǎn qián de zhuōzi hòumiàn, fàngxia jiàojù, mànman
táiqǐ tóu, kàn xuéshēngmen.
（ぼくは黒板の前の教卓のところへ行って、授業用道具を置き、ゆっくり顔を上げ、
学生たちを見た。）（阿城《孩子王》）

　この例では「黒板の前の教卓のところに行く」「授業道具を置く」「ゆっ
くり顔を上げる」「学生たちを見る」という四つの動作が連続で叙述さ
れている。このような例だと、単純に動作が並列されているだけに見え
るが、"我去食堂吃饭。"のような構造を単に拡大しただけとも取れる。
理論的な分析をする際には、こうした面も考慮する必要があるだろう。

◈読書案内
　連動文の意味的関係に関しては李臨定『中国語文法概
論』（宮田一郎訳、光生館、1993 年）が日本語で読め、詳しい。
その他、Chao（1968）、Li, C ＆Thompson, S（1973）などを参照
（書籍の情報は巻末の参考文献を参照のこと）。後者は中国語の連
動文が従属構造なのか、それとも等位構造なのかを議論し
ており、どちらの場合もあることを論じている。英語でも and
でつながる構造が従属構造なのか等位構造なのかを巡って
議論がある。生成文法のような立場では、意味的な従属構
造を、統語的にも説明しようとしがちであるが、Culicover ＆
Jackendoff（1997）は統語的な構造としては等位接続であると

考えている。

◈ **前置詞へ**

"给 gěi" "跟 gēn" "在 zài" "用 yòng" などは、前置詞（中国語学では
介詞）とされているが、ところで前置詞とはそもそも何だろうか。英語の
前置詞と言えば、in, with, to, from…などが挙げられる。例えば

> I read books in the library.（私は図書館で本を読む。）
> I met with him.（私は彼と会った。）
> I will give a pen to her.（私は彼女にペンを渡すつもりだ。）

英語の場合、「私は」の「は」や「が」の意味、あるいは「本を」
「ペンを」の「を」の意味は、動詞の前や後ろに置くだけで表すことが
できる。それ以外の格を表す際に、in, with, to, from…などを使用して表
している。これが前置詞である。

格とは、簡単に言えば述語に対して名詞句が取る意味のことだ。日
本語では「が」は述語に対する主格を表し、「を」は目的格を表す。
与える相手に対しては「に」を使い、「ナイフで切る」のように、道具を
表すときや、「図書館で」のように場所を表すときには「で」を使ってい
る。英語と比較すると、主格や目的格を表すにも助詞を使っていること
がわかる。日本語の「が」「を」「に」「で」「から」などの格助詞は名詞
の後ろ側に置かれるので、前置詞ではなく後置詞とも呼ぶ。

中国語も英語と同じく、"我看书（私は本を読む）" のように、「主語─
動詞─目的語」の順番で並べられるし、「私は、私が」のような主格と

「本を」のような目的格の意味は語順だけで表すことができる。その一方で、「図書館で」のように場所を表す場合には前置詞"在"、「～と」を表す場合には"跟"、「ペンで」のように道具を表す場合には"用"を使用する。

英語の場合、I read books in the library. のように、前置詞句 in the library は動詞句の read books よりも後ろ側に置かれる。一方、中国語は"我在图书馆看书。"のように、動詞句"看书"よりも、前に前置詞句の"在图书馆"を置く。一般に SVO の語順を持つ言語では、英語のような語順になるのが普通で、中国語のように動詞句の前に前置詞句が来るのは非常に珍しい。

このような語順になっている理由として最初に思いつくのは、現代中国語の前置詞が本来動詞であったからであり、動詞句が連続する構造の中から、よく使われるものが固定化したというものである。

我在图书馆。Wǒ zài túshūguǎn.
（私は図書館にいる。）

我在图书馆看书。Wǒ zài túshūguǎn kàn shū.
（私は図書館で本を読む。）

我用铅笔。Wǒ yòng qiānbǐ.
（私は鉛筆を使う。）

我用铅笔写字。Wǒ yòng qiānbǐ xiě zì.
（私は鉛筆で字を書く。）

"我在图书馆。"なら、「私は図書館にいる。」の意味であるが、"我在图书馆看书。"なら、「私は図書館で本を読む。」の意味になる。

しかし、ここで疑問がある。"我在图书馆看书。"は「私は図書館にいて、本を読む。」という動詞句が連続する構造（つまり、先ほど見た連動文）なのではないだろうか？　なぜ"在"は前置詞だとされるのだろうか？

"我在图书馆看书。"の場合には確かに「私は図書館にいて、本を読む。」の構造とも取れる。しかし、現代中国語の"在"は、単に「～にいて～する」よりも広く使える。

　　我在书上写字。Wǒ zài shū shang xiě zì.
　　（私が本に字を書く。）

この例は「私が本にいて字を書く」の意味ではない。本の上に字を書いているだけである。では"给"はどうだろうか？

　　老师给我买书。Lǎoshī gěi wǒ mǎi shū.
　　（先生が私に本を買う。）

時間順序原則にのっとるならば、「本を買って、私にくれる」の語順になる。とすると、"老师买书给我"という並びになるだろう（実際、そのような言い方も存在している）。このような"给"の意味は、「あげる」という具体的な行為ではなく、抽象化して「～のために」を表していると考えられる。

◈ "住在东京" と "在东京住"
　前置詞としての"在"は、"我在图书馆看书。"のように、動詞句の

前に置かれる。しかし、"在"が動詞の後ろについていることがある。初級で必ず出てくるのが次の表現であろう。

我住在东京。Wǒ zhùzài Dōngjīng.
（私は東京に住んでいます。）

この表現では"住"の後ろ側に"在"がついており、語順が異なっている。しかし、次のような表現も可能である。

我在东京住。Wǒ zài Dōngjīng zhù.
（私は東京に住んでいます。）

この例では通常の前置詞句"在"と同様に、動詞句の前に出てきている。二つの表現の違いはあまりないようだが、"我在东京住。"のほうが、一時的な滞在を表しているように感じるという人もいる。ここで、"在"が動詞よりも前に置かれているパターンと、動詞について出てくる場合で、どのような違いがあるかについて見てみよう。

「"在"＋場所＋動詞句」の基本的な意味は、「動作が行われる場所＋動作」であり、「動詞＋"在"＋場所」の基本的な意味は、「動作の結果、その着点が後ろにくる」と整理できる。まず次の例を見てみよう。

小李在马背上跳。Xiǎo Lǐ zài mǎ bèi shang tiào.
（李さんは馬の背中の上で跳んでいる。）

小李跳在马背上。Xiǎo Lǐ tiàozài mǎ bèi shang.
（李さんは馬の背中の上に跳んだ。）

"小李在马背上跳。"の例では、"在马背上（馬の背中で）"が動作 "跳"の行われる場所を表しているので、「李さんは馬の背中の上で跳んでいる。」の意味となる。一方、"小李跳在马背上。"は、「跳ぶ」という動作を行った結果、その着点が"在马背上"なので、「李さんは馬の背中の上に跳んだ。」となる。この違いも「時間順序原則」で考えるとよくわかるだろう。"在马背上跳"では、「馬の背中にいる」というのが先にあって、それから「跳ぶ」の順番、一方の"跳在马背上"は「跳ぶ」動作が先にあって、それから「馬の背中にいる」の状態になるのである。

このため、「動詞＋"在"＋場所」の語順を取る典型的な動詞は、その動作の結果として何かがどこかにつくことが表されるものである。

把书放在桌子上。Bǎ shū fàngzài zhuōzi shang.
（本を机の上に置く。）

贴在墙上。Tiēzài qiáng shang.
（壁の上に貼る。）

扔在地上。Rēngzài dìshang.
（地面に投げ捨てる。）

我把信装在一个信封里。Wǒ bǎ xìn zhuāngzài yí ge xìnfēng li.
（私は手紙を封筒の中に入れた。）

"放"は「置く」動作を表す。置く動作を行った結果としてどこかに置かれるのだから、"放在"の語順を取りやすい。同じく「貼る」という動作も、その動作の着点があるわけだから、"贴在～"となりやすいし、"仍（投げ捨てる）"や"装（入れる、備え付ける）"もまた同様である。

なお、次のような動詞も「動詞＋“在”＋場所」の語順を取りやすい。

　　小李掉在井里。Xiǎo Lǐ diàozài jǐng li.
　　（李さんは井戸に落っこちた。）

　　（Tai, J. H-Y, Temporal Sequence and Chinese Word Order）

　　一只鸽子落在一个老人的头上。
　　Yì zhī gēzi luòzài yí ge lǎorén de tóu shang.
　　（1羽の鳩が1人の老人の頭の上に落ちた。）

　“掉”も“落”も、「落ちる」の意味であるが、これは意思的に行う動作ではない。非意思的な移動が表される場合には、「動詞＋“在”＋場所」の語順となりやすいことが知られている。
　一方、“我在图书馆看书。”のように、「“在”＋場所＋動詞句」の語順が取られるのは、「～が～にいて、～する」という形がもとになっている。どこかにいて何かをするというのは、意思を持った主体が意識的にやっている場合が多い。
　さて、ここで“住在东京”と“在东京住”にもどろう。この二つはほとんど同じ意味になると述べた。なぜだろうか。“住（住む、泊まる）”という動詞は、状態を表すものであり、動きのある動作ではない。このようなタイプでは、動詞の意味自体に動きがないので、どちらの文型を使ってもあまり意味が変わらなくなる。

我坐在椅子上。/ 我在椅子上坐着。
Wǒ zuòzài yǐzi shang. / Wǒ zài yǐzi shang zuòzhe.
（私は椅子の上に座っている。）

躺在床上。/ 在床上躺着。
Tǎngzài chuáng shang. / Zài chuáng shang tǎngzhe.
（ベッドの上に寝ている。）

　これらの例では動詞の意味が「座っている」「寝ている」なので、どちらの文型を使ってもあまり意味が変わらない。また、出現や消失を表すタイプの動詞の場合も、あまり意味が変わらないことが知られている（例文は盧濤「「在大阪住」と「住在大阪」」）。

小李在大阪出生。/ 小李出生在大阪。
Xiǎo Lǐ zài Dàbǎn chūshēng. / Xiǎo Lǐ chūshēng zài Dàbǎn.
（李さんは大阪で生まれた。）

小李在大阪病死。/ 小李病死在大阪。
Xiǎo Lǐ zài Dàbǎn bìngsǐ. / Xiǎo Lǐ bìngsǐ zài Dàbǎn.
（李さんは大阪で病気で死んだ。）

　「生まれる」は出現を表す動詞、「死ぬ」は消失を表す動詞である。この場合にも、両者は意味にそれほど大きな違いはない。ただ、情報構造上は、焦点が後ろ側に来るのが原則なので、"出生在大阪"と、後ろ側に地名を持ってくると、生まれた場所のほうに焦点が当たりやすい。
　"我住在东京。"よりも、"我在东京住。"のほうが一時的滞在を表し

やすいという人がいるのは、"住在～"の語順では住んだ結果として「東京」にいることを表すので、恒常的なニュアンスが生じるのに対し、"在东京住"では、動詞の"住"のほうに焦点が当たり、動作として「住む」という動きが表されるわけだから、恒常的というよりは一時的なニュアンスが生じることがある、ということではないだろうか。

ところで、"住在～"のように、動詞の後につく"在"は前置詞なのだろうか？ かつてはそのように分析されたこともあるが、"坐在了"のように、後ろ側に"了"をつけることができる。前置詞には"了"をつけることができないはずであり、前置詞というよりは動詞と合体したもののように思われ、結果補語や方向補語に近い。ただし、結果補語は"坐不下"のように、間に"不 / 得"を挟んで可能形にすることができるが、"在"にはそれができないから、結果補語と呼ぶこともできない。動詞と一体化した接辞とみるのが一般的である。

◈読書案内
　「"在"＋場所＋動詞句」と、「動詞＋"在"＋場所」の違いについて、日本語で読めるもので比較的簡便なものとしては、盧濤「「在大阪住」と「住在大阪」」(『大河内康憲教授退官記念　中国語学論文集』大河内康憲教授退官記念論文集刊行会編、東方書店、1997年）がある。

◈**動詞の後につく"给"**
　前置詞句は動詞の前に置くのが原則であった。「～に～する」の

「〜に」は前置詞"给"で表す。よって「彼に1冊の本を買った」は次のようになる（*は非文、つまり文として成り立たないことを示す）。

　　　给他买一本书。Gěi tā mǎi yì běn shū.　　　* 买给他一本书。
　　　（彼に1冊の本を買った。）

　この場合、"给"を動詞の後につけて、"买给他一本书。"とすることはできない。ところが、「買う」と反対の意味を表す"卖"の場合には、これが逆転してしまう。

　　　卖给他一本书。Màigěi tā yì běn shū.　　　* 给他卖一本书。
　　　（彼に1冊の本を売った。）

　このように、「〜に〜を売った」の場合、"给他卖一本书。"とは通常言えないのである。その代わりに、"卖给〜"の形を使わなくてはならない。なぜこのような違いが生じるのだろうか。
　興味深いことに、「〜に買う」と「〜に売る」では、英語でも使う前置詞が異なる。例えば

　　　I sold a book to him.（私は彼に本を売った。）
　　　I bought a book for him.（私は彼に本を買った。）

　この違いがヒントになるのではないかと思う。
　「売る」という動作と「買う」という動作の違いを考えてみよう。「私は彼に本を売った」の場合、本はその場で彼に移動している。「A は

BにCを売る」の場合、「売る」という動作自体が、Bに対してCを移動させる意味を持っているのである。

　ところが「買う」はそうではない。「私は彼に本を買う」と言った場合、「買う」のは、本屋さんなどから買うのであって、彼から買うわけではない。順番からすると、「私は（本屋さんなどで）本を買って、それから彼にあげる」のである。「買う」動作と、買った本が渡される動作はそれぞれ独立しているのである。言い換えるとするなら、「私は彼に本を買った」は「私は彼のために本を買った」とできるが、「私は彼に本を売った」は、「私は彼のために本を売った」とすると意味が変わってしまう。英語で buy の場合に前置詞が for になるのは、このことと関係しているだろう（彼のために買っただけであって、本が渡されたかどうかはまだ言及されていない）。

　"给他买一本书。"のように、「"给"＋B＋動詞句」の語順になる場合、基本的な意味は「Bのために〜する」である。一方、"卖给他一本书。"のように、「動詞＋"给"＋B＋C」の語順を取る場合には、動作の結果としてBにCが与えられることを表す。従って、動作自体が「誰かに〜を授与する」の意味がある場合、「動詞＋"给"＋B（＋C）」しか使えないことが多い。

　「動詞＋"给"」の語順を取るのが原則の動詞（卖、还、送、嫁、交など）
　　我送给他一本书。Wǒ sònggěi tā yì běn shū.　＊我给他送一本书。
　　（私は彼に本を送った。）

　　把书还给我吧! Bǎ shū huángěi wǒ ba!　　＊给我还书吧。
　　（本を私に返して。）

我要嫁给你。Wǒ yào jiàgěi nǐ.　　＊我要给你嫁。
　　（私はあなたに嫁ぎたい。）

　"送（送る）"は、「誰かに」届くのが本質的な意味だし、"还（返す）"
のも、"嫁（嫁ぐ）"のも、「誰かに」なされるものである。従って"送给
～""还给～""嫁给～"の語順となる。つまり、「動詞＋"给"」の語
順は、動作の結果が「誰かに」届くことが特に言われている形である。
一方、次のような動詞は、"给"＋動詞」の語順を取る。

　「"给"＋動詞」の語順を取るのが原則の動詞（买、炒、做など）
　　我给她做饭。Wǒ gěi tā zuò fàn.　　＊我做给他饭。
　　（私は彼女にご飯を作る。）

　"做饭（ご飯を作る）"自体は、誰かにその作ったご飯を授与すること
は意味しない。移動を表さないため、「動詞＋"给"」の語順は通常使
われないのである。
　"我给她做饭。"は、「私は彼女のためにご飯を作る。」と言い換える
ことが可能である。このように、「～のために～する」の意味を表すとき
には「"给"＋動詞」の語順を使うことがわかる。時代劇などを見てい
ると、しばしば"给我打! Gěi wǒ dǎ!"と言っているシーンを見かける。
私は最初これを見て、「私を殴り給え」なのかと思ってしまったが、もち
ろんそうではない。「私のために（誰かを）殴れ」の意味であった。
　先ほど、"给他卖一本书"とは言えない、としたが、実はこちらも正し
い中国語である。ただし、「彼に1冊の本を売る」の意味にはならず、
「私は彼のために（他の誰かに）1冊の本を売った」の意味となる。例えば

「彼」が本を売りたいと思っているが、売り方がわからない。そこで私がインターネットを通じて売却したとすれば、それは、"我给他卖一本书。"である。同様に"我给他送一本书。"も「私は彼のために（他の誰かに）本を送った」の意味としてなら使うことができる。

　ただし、「"给"＋動詞」も、「動詞＋"给"」もどちらも似た意味で使える動詞もある。

　　　给你打电话。Gěi nǐ dǎ diànhuà.
　　　（あなたに電話する。）

　　　打给你电话。Dǎgěi nǐ diànhuà.
　　　（あなたに電話する。）

　"打电话（電話する）"の場合、"给〜打电话"と言うことが多いが、"打给〜电话"とも言える（ただ、その後ろにさらに何か続かないとおかしいと言う人もいる）。"寄 jì"もそうで、"寄给〜""给〜寄"はどちらも「〜に送る」の意味で使える。後者の例を出そう。

　　　父亲和大哥都是工程师，每人每月给她寄 25 元。
　　　Fùqīn hé dàgē dōu shì gōngchéngshī, měirén měiyuè gěi tā jì 25 yuán.
　　　（父と兄はどちらもエンジニアで、各人が毎月彼女に 25 元送っている。）

　この例では「父と兄が彼女に 25 元ずつ（郵便で）送っている」である。"寄"は"寄给〜""给〜寄"とどちらも使えるのである。郵便局で送る手続きをすること自体は、確かに受け手とは独立した行為だが、贈与物の移動を表しているという意味で、"寄"はあいまいだ、と解釈

できると言えばできるだろう。

　また、"给"を使うパターンでは、もう一つ、次のような語順もある。

　　　我买一本书给他。Wǒ mǎi yì běn shū gěi tā.
　　　（私は1冊の本を買って彼にあげる。）

　　　我偷一本书给他。Wǒ tōu yì běn shū gěi tā.
　　　（私は1冊の本を盗んで彼にあげる。）

　この場合は動詞が連続するパターンからの発展と考えることができる。つまり、「本を買って、それから彼にあげる」「本を盗んで、それから彼にあげる」という構造である。"送"など、授与を表すタイプもこの形式を使って表すことができる。

　　　我送一张票给小李。Wǒ sòng yì zhāng piào gěi xiǎo Lǐ.
　　　（私はチケットを李さんに送る。）

　この場合、「チケットを送って、それから李さんにあげる」の意味ではない。送る行為とあげる行為は一体化している。それでも、この形式を使用することができる。

　◈読書案内
　　"给"とその語順を巡っては、朱德熙《与动词"给"相关的句法问题》（《方言》第2期、1979年）を読むのがいい。日本語で読めるものとしては、杉村博文「中国語授与構文の

シンタクス」(『現代中国語のシンタクス』、日中言語文化出版社、2017年）を参照。勝川裕子『現代中国語における「領属」の諸相』(白帝社、2013年）の第四章にも記載がある。

◈ 場所を表すのに "在" が出てこないこと

　私が中国語を勉強し始めたころ、次の例文が出てきて、頭を悩ませたことをよく覚えている。たぶん、同じことを思う学習者も多いだろうから、記しておこう。

　　公园里樱花开了。Gōngyuán li yīnghuā kāi le.
　　（公園では桜が咲いた。）

　「～で」を表すには "在" を使うと学習した。英語などの学習経験からすると、「公園で」を表すのならば、"在公园里" になるのではないか。なぜ "在" がついていないのだろうか、と考えた。場所を表すのに "在" はいつ必要で、いつ必要ではないのだろうか。
　まず、先ほどの例のように主語の前に場所が表される場合、"在" は使用しなくてよいことが多い。一方、主語の後に場所が来るときには "在" は基本的になければならない。従って

　　老人在公园里打太极拳。Lǎorén zài gōngyuán li dǎ tàijíquán.
　　（老人が公園で太極拳をしている。）

この例の "在" は省略できないと考えていい。それなら、語順を逆にし

て、次のように言うことは可能だろうか。

　　* 公园里老人打太极拳。（老人が公園で太極拳をしている）

　もともとの文の"在公园里"を主語の前に移した。主語の前に場所
を言う場合には"在"を使用しないことが多いということで、"在"を消
したのが上の例であるが、これは非文である。どうやら、主語の主体
的な動作を表す場合、基本的には「主語＋"在"＋場所＋動詞句」
の形式が使われるということのようである。
　では、場所を表す語が文頭にあって、かつ"在"なしで用いられる
のは、どのようなケースであろうか。
　まず典型的には存現文である。「場所＋動詞＋意味上の主語」と
なっている場合には、"在"は使われないことが多い。

　　我家里来了很多客人。Wǒ jiāli láile hěn duō kèrén.
　　（私の家にたくさんの客が来た。）

　　黑板上写着很多汉字。Hēibǎn shang xiězhe hěn duō Hànzì.
　　（黒板にたくさんの漢字が書かれている。）

　　夜里公园里充满了天堂的气味。
　　Yèli gōngyuán li chōngmǎnle tiāntáng de qìwèi.
　　（夜の公園には天国のようなにおいが充満していた。）

　場所が"在"なしで主語の前に置かれるパターンも、用例を見てみ
ると、意味的には存現文に似たものが多い。すなわち、主体的な行為
者が何かをすることを表すのではなく、その場所の描写であることがほ

とんどである。

　　窗外风景很好。Chuāngwài fēngjǐng hěn hǎo.
　　（窓の外は景色がよい。）

　　街上交通并没有恢复。Jiē shang jiāotōng bìng méiyǒu huīfù.
　　（道では交通がまだ回復していなかった。）

　　公园里花木繁盛，人们清歌曼舞，不似北方公园冷清肃静。
　　Gōngyuán li huāmù fánshèng, rénmen qīng gē màn wǔ, bú sì běifāng
　　gōngyuán lěngqīng sùjìng.
　　（公園では花や木が生い茂り、人々が歌い踊り、北方の公園のようにひっそりと
　　静かではない。）

　　一つ目の例は、"窗外（窓の外）"と場所を表す言葉が最初に来ている。
次に"风景很好（風景が良い）"と、外の情景の描写が続いている。二
つ目の例では"街上（道では）"が最初に来て、そこの状態の説明が
"交通并没有恢复（交通がまだ回復していなかった）"という主述文で表さ
れている。このように、ある場所を舞台として、そこの状況がどうである
かを述べるような主述文が続く場合にも、"在"は必要ない。
　　次の例では"公园里（公園で）"と、場所が示された後、その場所
がどのような場所であるかという描写"花木繁盛，人们清歌曼舞"が
続いている。"公园里樱花开了。（公園では桜が咲いた。）"も、公園で桜
の木が主体的に花を咲かせることを表す文ではなく、状況の描写なの
で、成立すると考えられる（ただし、実際には"公园里的樱花开了。"のほうが
自然のようである）。
　　コーパスで"公园里"が先頭に来る用例を見てみても、圧倒的に

存現文か、そうでなければその場所の描写、もしくは説明をしている文である。

> 公园里、院庭中、村路边、以至深山悬崖，都可以见到灿烂的菊花。
>
> Gōngyuán li、yuàntíng zhōng、cūn lùbiān、yǐzhì shēnshān xuányá, dōu kěyǐ jiàndào cànlàn de júhuā.
>
> (公園、庭、田舎の道端、ひいては山奥や崖でも、咲き誇る菊の花を見ることができる。)

> 原则上公园里不建营业用房。
>
> Yuánzé shang gōngyuán li bú jiàn yíngyè yòng fáng.
>
> (原則として、公園では商売用の建物を建てない。)

> 公园里一位中年人用手中的单反记录下这唯美的画卷。
>
> Gōngyuán li yí wèi zhōngniánrén yòng shǒuzhōng de dānfǎn jìlù xia zhè wéiměi de huàjuàn.
>
> (公園では1人の中年の男が手に持った一眼レフでこの美しい絵巻を記録していた。)

　一つ目の例は典型的な存現文ではないが、"公园里、院庭中、村路边、以至深山悬崖"などの場所において、どこでも咲き誇る菊の花を見ることができる、と述べている文なので、やはり誰かが主体的にその場所で行為を行う文ではなく、存在を言う文に近い。

　二つ目の例では、"公园里不建营业用房"とあり、「商業用の建物を建てない」とあって、一応「建てる」という行為が述語となってはいるが、主体的な行為者が感じられない文である。

三つ目の例は"一位中年人"が主語だから、意思を持った主体であり、ここまで述べてきたことに反するようであるが、ここでは公園の描写として「一人の中年の男」を描いているのだろう。

　では意志的な主体が主体的な行為を行う際には、なぜ「主語＋"在"＋場所＋動詞句」の語順が取られるのだろうか。これもやはり、"在"が動詞性を残しているからであろう。「Aが〜にいて、〜する」という構造がまだ生きているのである。「Aという主体」が「〜にいる」ということがまずあって、そのうえで何らかの動作をすることが表されるのである。"在公园里买了糖葫芦。Zài gōngyuán li mǎile tánghúlu.（公園で糖葫芦を買った。）"のように言うと、主語が現れていなくても、「買う」という行為を行った動作主が感じられる。

　これに関連して、例えば「公園でご飯を食べようよ」と言う場合、日本人としては、「公園で」なのだから、"在"を使って、"我们在公园里吃饭吧!"などと言いたくなる。しかし、話し手と聞き手が公園にいない場合には、通常"我们去公园里吃饭吧!"か、"我们到公园里吃饭吧!"のように言うのが普通である。"在"だと、「いる」になってしまうので、移動が表せないからであろう。

［参考文献］

盧濤（1997）「「在大阪住」と「住在大阪」」『大河内康憲教授退官記念　中国語学論文集』東方書店

李临定（1986）《现代汉语句型》商务印书馆（『中国語文法概論』宮田一郎訳、光生館、1993年）

杨彩梅（2012）《关系化对汉语句子的界定》外语教学与研究出版社

Chao, yuanren (1968) *A Grammar of Spoken Chinese*, University of California Press.

Li, C & Thompson, S (1981) *Mandarin Chinese : a functional reference grammar*,

University of California Press.

Tai, J. H-Y (1985) Temporal Sequence and Chinese Word Order, in Haiman. J. (ed.) *Iconicity in Syntax*, John Benjamins Pub.co. (戴浩一《时间顺序和汉语的语序》, 《国外语言学》第 1 期, 黄河译 , 1988 年)

第六章

中国語の時間表現

中国語は時制を表す文法形式が、少なくとも表面上はない言語である。とはいえ、時間の観念はもちろんある。中国語を勉強し始めたころは、「過去形が存在しないなんて、それで大丈夫なのか?」と思ったものだが、それは英語しか勉強したことがなかったからで、テンス（時制）のある言語が当然だと思っていたからだ。

　"了"は過去を直接表すわけではなく、アスペクト、すなわち「動作の段階」を表すとされる。しかし、実際には"了"がつくものは発話時点から見て過去のことばかりである。動作がすでに終結しているのだから、当然のことだ。

　初級の段階では、「これから起こることにも"了"が使用されるから、やはり過去ではない」のように説明をすることがある。例えば、次のような例である。

　　吃了晚饭，我回家。Chīle wǎnfàn, wǒ huíjiā.
　　（夕ご飯を食べたら、私は帰る。）

　日本語でも「夕ご飯を食べたら」と「た」を使っているが、この動作はまだ起こってはいない。これから「夕ご飯を食べる」という動作をして、それが終結したら帰ると述べているのだから、過去の出来事ではないが、"了"は使用可能である。とはいえ、この例では「〜したら」というように、仮定を表しているものであり、意味的に"我回家"に従属している。このように、まだ起こってはいないことに"了"が使用される場合は従属節に限られ、主節には用いられない。"了"が主節で使われているときは、ほとんどが過去のことである。

　とはいえ"了"はあくまでも動作の完了を表すものだから、過去の状

態等には使うことができない。そのため、過去の状態や性質を表す場合の形式は、現在を表すときと同じになりそうである。例えば"三年前, 我 是 个 学生。Sān niánqián, wǒ shì ge xuésheng.（3年前、私 は 学生 だった。）""以前, 我喜欢看电视。Yǐqián, wǒ xǐhuan kàn diànshì.（以前は、私はテレビを見るのが好きだった。）"などを見てみよう。"我是个学生""我喜欢看电视"の部分だけを見ると、現在のことを言う場合と似ている。とはいえ、"三年前""以前"のように、話している時点よりも過去であることが明示されているから特に問題は生じない。

　特に会話の場合、話しているその場面が「いま、ここ」であり、「いま」と関連する話が圧倒的に多い。そうではない過去のことを話す場合、その場面からは切り離されているわけだから、いつのことか普通は言及する。一度、いつのことか言及していれば、そこから先は過去のことだとわかるので、すべての動詞が過去形を取っていなくてもよいのである。

◆「開始限界達成」と「終結限界達成」

　"了"は通常、動詞や形容詞の直後につく"了"と、文末につく"了"の2種類にわけて説明される。動詞の後につく"了"は、「完了を表す」とされるが、「完了」というと、その動作や状態などが終わってしまっている感じがする。しかし、次のような例ではどうだろうか（以下、2例は刘勋宁《现代汉语词尾"了"的语法意义》による）。

　　红了脸说。Hóngle liǎn shuō.
　　（顔を赤らめて話した。）

　　吃了才觉着有点儿香味。Chīle cái juézhe yǒudiǎr xiāngwèi.
　　（食べてからいくらか味を感じた。）

"紅了臉"は、「顔を赤らめて」を表しているが、この場合、「赤くなる」変化をした後、その状態が継続していることを表している。つまり、赤い状態は終結点を迎えていない。次の例は"吃了"で、「食べる」ことを始めた段階を表しており、その段階で味がわかったと言っている。食事が完全終結してから味を感じたわけではない。このことから、"了"は「完了」というよりも、「実現」と呼んだ方がいいのではないか、という説も浮上した。

　「完了」「実現」説よりも、よりよく"了"を理解できると思われるのが「限界達成」という説明方式である。"了"はアスペクトを表す助詞であった。アスペクトとは動作や状態の段階を表すもののことである。動作の段階には開始点と、終結点がある。例えば、「走る」という動作には、「走り始め」と「走っている途中」と「走り終わる」という段階がある（もちろん、「壊す」のように、瞬間に終結する動詞もあり、瞬間達成動詞と呼ばれる）。

　そして"了"は、動作の開始点に到達することを表す用法（開始限界達成）と、終結点に到達することを表す用法（終結限界達成）のどちらも表すことが可能なのである。"紅了臉"は、「赤くなる」という変化のポイントが達成されたわけなので、開始限界に到達したわけである。同様に、"病了 bingle（病気になった）"を考えてみよう。こう言っただけでは、病気になって治ったかどうかはわからない。病気になってそのままかもしれないし、治ったかもしれない。つまり、「病気になる」の開始点に到達することを表しているのであり、終結は表していない。限界達成とは、言い換えれば変化である。"了"は変化を表すと言えよう。

　次の二つを比較してみよう（例文は木村英樹「動詞接尾辞"了"の意味と表現機能」、劉綺紋『中国語のアスペクトとモダリティ』）。

他洗了澡就睡觉了。Tā xǐle zǎo jiù shuìjiào le.
（彼は風呂に入ってから寝た。）

我洗了澡才发现浴缸里没有热水。
Wǒ xǐle zǎo cái fāxiàn yùgāng li méiyǒu rèshuǐ.
（入浴してから、浴槽にお湯がないのに初めて気づいた。）

　前者は、「風呂に入る」行為は終結している。風呂の中で寝てしまったことは表さない。つまり、動作の終結するポイントまで到達したこと（終結限界達成）を表している。一方、後者は、入浴をスタートしたところで浴槽にお湯がないのに気づいたことを表せるという（劉綺紋『中国語のアスペクトとモダリティ』）。この場合には、開始限界達成である。まとめて言えば、開始点に到達するか、もしくは終結点に到達し、何事かが変化することが"了"によって表されるのである。

　これは日本語の「た」も同様である。野球の実況中継でイチローが盗塁を仕掛けたケースでは、「イチロー走った」と言うが、たいていはまだ走っている途中である。この場合、開始限界に到達しているのだと考えることができる。「電車が来た！」も同様であろう。普通、「電車が来た」という場合、完全に到着しているわけではない。「来る」動作は終結していないのである。それでも「た」が使える。とすれば、これは「来る」の開始点に到達したのだと考えることができる。

◈ "了" と文終止

　初級の文法では、次のようなことを教わるが、これも「限界達成」の考え方を使用すると、よりよく理解できる。

我吃了饺子, Wǒ chīle jiǎozi,
（私は餃子を食べて、）

昨天我买了书, Zuótiān wǒ mǎile shū,
（昨日私は本を買って、）

　動詞の後に"了"をつける場合、その後の目的語が裸の名詞（つまり修飾語も何もつかない形）である場合には、文がそこで終結せず、先に続く感じがする。"我吃了饺子,"だと、「私は餃子を食べて、」と言っており、それからどうした、という内容が後続することが期待される。"昨天我买了书,"も、これだけでは文を終わらせることができないとされる。

　だが、"我吃了三个饺子。（私は3個の餃子を食べた。）""昨天我买了很多书。（昨日私はたくさんの本を買った。）"のように、目的語の名詞に数量詞などの修飾語がつけば、そこで文を終わらせてよい。いったいこれはなぜなのだろうか。

　「完了」するということは、どこかで何かが終結するということだ。終結する以上は、その終結するポイント、終結点が必要となる。その終結点が決まっていないと、そこまで完了したことが言えなくなってしまう。次の例を見てみよう（用例は木村「動詞接尾辞"了"の意味と表現機能」）。

＊小王找了独木桥。（＊王君は丸木橋を探した。）

小王过了独木桥。Xiǎo Wáng guòle dúmùqiáo.
（王君は丸木橋を渡った。）

小王找了一会儿独木桥。Xiǎo Wáng zhǎole yíhuìr dúmùqiáo.
（王君はしばらく丸木橋を探した。）

「探す」行為は、時間的に終結点が決まっていない。原理的には何時間でも、何年でも探し続けることは可能である。どこで終わるかが不明のため、終わることを表す"了"を動詞につけても、何が終わったかわからなくなってしまう。だから、このような例は成り立たないと考えられる。

　一方、「丸木橋を渡った」を表す場合、"过了独木桥"と言える。丸木橋は普通は長さが決まっていて、渡りきるポイントが明確である。終結点が決まっているので、その終結点まで到達したことを"了"によって表すことができる。

　"小王找了一会儿独木桥。"は、先ほどの例に"一会儿（しばらく）"という時間の長さを表す修飾語がついている。探す動作を行う時間の幅がいちおう決まっているから、終わりもある。よって、この文は成り立つ。

　「餃子を食べる」はどうだろう。餃子を食べることは、原理的には何個でも、何時間でも食べ続けられる。「餃子を食べる」動作が終結する点、限界が定まっていないので、"我吃了饺子。"だけでは文が成立しないと考えられる。本の購入量にも限界などというものはない。"买了很多书。"と、限界を設ければ、それで文を終わらせることが可能になる。

　ただ、"了"文終止を限界性だけで説明できるかというと、必ずしもそうではない場合もある。動詞の前に連用修飾語が加わったり、目的語が固有名詞だったりしても成立することがある。「どの程度やったのか」という具体性が表されているかがポイントのようだ。

◆ 小説文における "V 了 O"

　"了"と文終止の問題は、簡単ではない。小説文などでは、学習書に載っている説明では理解しがたい例も出てくる。孔令达《影响汉语句子自足的语言形式》は、"我吃了药。（私は薬を飲んだ。）"が不可なのに対して、"他吃了毒药。Tā chīle dúyào.（彼は毒薬を飲んだ。）"や"他们离了婚。Tāmen líle hūn.（彼らは離婚した。）"は独立した文として成立するとする。その理由は、これらの伝えている内容が非日常的な行為であるため、情報価値が高く、そのために充足性があるのだという。

　小説文では、特に段落の先頭などで、"V 了 O"の形式が単独で使用される。

　　<u>丈夫早断了奶</u>。婆婆有了新儿子，这五岁儿子就像归萧萧独有了。不论做什么，走到什么地方去，丈夫总跟在身边。
　　（夫はとうに乳離れしていた。姑はつぎの息子が出来たので、こちら五歳になった息子のほうはそれこそ蕭蕭独りが預かることになったようなものである。なにをしようと、どこへ行こうと、夫はいつも蕭蕭のそばを離れない。）（沈从文《萧萧》城谷武男訳）

　　<u>一车人都开了心</u>。都笑。姑娘破口大骂，针对印家厚，唾沫喷到了他的后颈脖上。一看姑娘俏丽的粉脸，印家厚握紧的拳头又松开了。父亲想干没干的事，儿子倒干了。
　　（車中が愉快になり、どっと笑いが起こった。女はカッとして印家厚を罵りはじめ、唾がかれのうなじにかかった。その可愛らしい顔がちらと目に入り、印家厚は握りしめた拳をまたほどいた。と、父親がやろうとしてやめたことを、息子がやってしまった。）（池莉《烦恼人生》市川宏訳）

　段落の先頭はトピックがくる位置であり、中国語では他の位置に比

べて短い文（単文）で終わることが多くある。文脈次第で、単純な形の
"V 了 O" も使用可能になるのである。

　ニュース性が高い場合には成立するということは、情報が十分に具
体的であるということでもある。小説などの場合には通常の会話とは異
なり、目的語が単純であっても、前後の文脈によって具体的な場面が
提示されているという点も見逃してはならないだろう。

◈「現在」と関係する文末の"了"

　文末に現れる"了"は、「変化の"了"」と呼ばれる。状態の変化や、
新しい事態が発生したことを表すのである。"我是大学生了 Wǒ shì
dàxuésheng le" であれば、「私は大学生になった」であり、大学生でな
い状態から大学生になったことを表すし、"他不来了 Tā bù lái le" であ
れば、「彼は来なくなった」であり、「彼は来ない」という事態に変化し
たことを表す。日本語は「なる」言語だなどと言われ、英語などに比べ
て「なる」をよく使う言語であり、それを全部 become などと訳している
と、become だらけの英語になってしまうのだが、中国語にはこの"了"
があるので、日本人としては便利に感じられる。

　文末の"了"で表される新事態とは何だろうか。それは、文全体だ
と思われる。"我是大学生了"では、"我是大学生"全体が新事態で
あり、"他不来了"は、"他不来"全体が新たに発生した事態だと考え
られる。文全体を新事態として述べるのだから、文末に"了"が来る
のである。つまり、動詞・形容詞の後の"了"も、文末の"了"も変
化を表している。

　では、その新事態なるものはいつの時点を基準としたものだろうか。
会話の場合、ほとんどはその会話をしている「現在」である。このため、

文末の"了"は、「現在関連性」があると言われる（Li & Thompson, *Mandarin Chinese : a functional reference grammar*）。

次の文はどのように解釈できるだろうか。

我回家了。Wǒ huíjiā le.

"回家"は「家に帰る」であるが、それに"了"がついている。はたして、「私」は家にもう着いているだろうか、着いていないだろうか。

答えは、着いている場合もあるし、着いていない場合もある。学校や職場、もしくは飲み会などに参加していて、まだ家に帰っていない状況でこの発話をすると、「もう家に帰る時間になった」ことを表す。「家に帰る」という状況に変化したことを表すのである。開始限界に達したということも可能であろう。家についてからこの発話をすると、「家に帰った（着いた）」の意味になる。この種の"了"は、発話の現在と関連しているので、その「現在」がどのような場面であるかによって意味が変わるのだ。

また、次のような対比も見てみよう。

这本书我看了三天。Zhè běn shū wǒ kànle sān tiān.
（この本は、私は3日読んだ。）

这本书我看了三天了。Zhè běn shū wǒ kànle sān tiān le.
（この本を、私は3日間読んでいる。）

"这本书我看了三天。"では、「この本は、私は3日読んだ」を表し、「今はもう読んでいない」という含意を持つのに対して、"这本书我看

了三天了。"と、文末にもう一つ"了"を置くと、「現在までのところ」
のニュアンスが生じ、「3日間読んだ（今もまだ読んでいる）」という意味に
なる。やはり、文末に"了"があることによって、「現在」と関連させられ
るのである。動詞末尾の"了"だけ用い、なおかつまだ読み終わっ
ていないことを表すには、"这本书我看了三天，才看了一半。Zhè běn
shū wǒ kànle sān tiān, cái kànle yíbàn.（私はこの本を3日読んで、ようやく半分読
み終えた。）"のように、後ろに何か続ける必要がある（刘月华・潘文娱・故韡
《实用现代汉语语法》、劉綺紋『中国語のアスペクトとモダリティ』ほか）。

　文末の"了"は、現在と関連させてしまうため、次のような例はお
かしくなる。

　　　＊昨天小王买了三本书了。（昨日、王君は3冊の本を買った。）

　「昨日」とつけると、「昨日」までに完了したことを表す文になるので、
現在とは切り離されている。よって文末に"了"を置くことはできない
（下地早智子「現代中国語におけるアスペクト助詞"了"と「文終止」問題につい
て」）。

　さて、それではなぜ文末に"了"が置かれると、発話の現在と関連
するのだろうか。日本語でも文末に「～だよ」「～だね」「～のか？」な
ど、話し手の気持ちを表したり、相手に念を押したり、確認したりする
ときに、文末に助詞をつけるが、中国語も同じで、そうした助詞の類を
語気助詞と呼ぶのだった。"吧""呢""啊""吗"などがその典型例に
当たる。文末に置かれる"了"にも、語気助詞としての機能がある。
話し手がその話す時点での気持ちを表すわけだから、一人称現在と関
係するのである。話し言葉の基本は一人称現在なのである。

語気助詞の機能を持っているため、文末の"了"は単に現在と関係しているだけでなく、気持ちが表れたり、聞き手に対して働きかけたりもする。例えば、「間違った前提の訂正」をするときに使うことがある。"我看过好几本书了 Wǒ kànguo hǎojǐ běn shū le（私は何冊も本を読んだんだ）"と言うと、「（あなたは読んでいないと思っていたかもしれないが、）私は何冊も読んだんだ」というニュアンスが出ることがある。また、"不用再讲了，我听你讲过一次了。Bú yòng zài jiǎng le, wǒ tīng nǐ jiǎngguo yí cì le."は、「もう一度言わなくてもいいです。私はあなたが話しているのを一度聞いたことがあります。」の意味だが、文末の"了"が2回使われている。この例では、一度聞いたことがあるから、もう喋らないでくれと念を押す気分が表れており、ニュートラルな表現ではないという（劉綺紋『中国語のアスペクトとモダリティ』）。確かに中国人が実際に喋っているのを観察していると、文末に"了"が使われるケースでは、何らかの感情が表されている場合が多い（文末の"了"のより詳しい分類は、Li & Thompson, *Mandarin Chinese : a functional reference grammar* 等も参照）。

　"了"に気持ちを表す用法があるとわかると、「あまりに〜すぎる」を表すのに、"太〜了"と言うのも納得がいく。"太 tài"はこれだけで「〜すぎる」を表すので、"了"がある必要性はないのだが、心理的な限界点を越えたその気持ちをこの"了"で表せるのであろう（日本語の「〜すぎる」も、「過ぎる」が元の形だから、基準点を越える意味から変化している）。

　もう一つ、学習していた時にどうも理屈が理解できなかったものに、次のような例がある。

　杀了他! Shāle tā!
　（彼を殺してしまえ）

中国の時代劇などを見ていると、このような"杀了"の例がたくさん出てくる。この場合、「殺せ」と命令しているわけなので、まだ行為は完了していない。なぜ"了"がついているのか謎だった。変化の"了"と考えて、「殺す状況に変化した」を表しているのかと、無理やり自分を納得させていた。

　同じような例に、命令文で"喝了它 Hēle tā（それを飲んでしまえ）""把饭吃了 Bǎ fàn chī le（ご飯を食べてしまえ）""把他宰了 Bǎ tā zǎi le（あいつをぶっ殺してしまえ）"などがある。どれも対象を除去することを命令するときの形式である。このような"了"は、「～してしまえ」を表しており、補語の"掉 diào"をつけたときの意味に似る。日本語の「しまう」も本来は終結させることであるが、こういう場合には"了"をつけることによって、その行為を最後までやってしまうことを求めるのである。

◈ "要～了" は "了" があるのに、なぜ近未来を表すのか

　中国語では、近未来を表すのに、"(快)要～了 (kuài) yào le"という表現を使う。例えば"要上课了。Yào shàngkè le."であれば、「まもなく授業だ」になるし、"快要下雨。Kuàiyào xià yǔ le."であれば、「もうすぐ雨が降る」の意味になる。なぜこれから起こることなのに、"了"がついているのだろうか。

　私はこの"了"も、現在と関連する"了"なのではないかと思う。「もうすぐ雨が降る」と判断を下すときには、もうその現在において何らかの予兆が発生しているわけで、「現在における新状況の発生」と言っていいのではないか。"要上课了。"も「もうすぐ授業」なる新状況が、現在において発生していることを表すのであろう。

　これに関連すると思われるのが、日本語の古文に出てくる「ぬ」であ

る。『伊勢物語』の有名な章段に「はや船に乗れ、日も暮れぬ」という文が出てくる。助動詞「ぬ」は完了だと教わるが、この「日も暮れぬ」は、「日も暮れてしまった」ではなく、「日が暮れてしまう」であり、まだ終結していない。「日も暮れぬ」は、中国語にするなら"太阳要下了 Tàiyáng yào xià le"となるだろう。やはりこの「ぬ」も、「日が暮れ始めたこと」を表す開始限界達成なのではないか。

◈ **小説文中の"了"**

中国語の"了"は完了とされるが、完了しているならすべて"了"がつくかというと、そうでもないところが厄介である。小説文などでは、むしろついていないことのほうが多いことに気づく。次の例から見てみよう。

> 方波大踏步出门，周华欲追，刚起身，又坐下，听天由命似地闭上了眼睛。
>
> <small>（方波は大きく足を踏み出して外に出て行った。周華は追いかけようと、身を起こしたが、すぐに座り込み、天命を受け入れるかのように目を閉じた。）</small>
>
> <small>（木村「動詞接尾辞"了"の意味と表現機能」日本語訳は引用者）</small>

この例では、時間軸に沿って、動作が一つひとつ描写されている。「大きく足を踏み出して外に出る」のも、「座る」のも完了してから、次の行動に移っているはずだ。しかし、"了"はついていない。とはいえ、最後の節を見ると、"闭上了眼睛"とあるように、"了"がついている。このような例では、登場人物が連続して行う行為が表されているので、木村（「動詞接尾辞"了"の意味と表現機能」）は「過程描写文」と呼んで

いる。木村（「動詞接尾辞"了"の意味と表現機能」）は、一連の過程が描かれている場合、最後に"了"をつければ、全体の過程が完了したことを表せるため、途中の経過には使用しなくてもよいとしている。

　確かに、その傾向はある。しかしながら、途中の動詞に"了"がつく場合もある。

> 华大妈在枕头底下掏了半天，掏出一包洋钱，交给老栓，老栓接了，抖抖的装入衣袋，又在外面按了两下；便点上灯笼，吹熄灯盏，走向里屋子去了。
> （華大媽は、枕の下をごそごそやって、やがて銀貨の包みを取り出し、老栓に渡した。老栓は受け取って、ふるえる手でポケットに入れ、上からおさえてみた。それから提灯に火をつけ、燈心をふき消し、奥の部屋へ行った。）（魯迅《药》）

　この例では、華大媽がお金を探して取り出して老栓に渡し、老栓がそれを受け取って袋の中に入れて奥の部屋に入っていくまでの一連の動作が描かれている。この部分では下線をつけた動詞四つに"了"を見ることができるが、二重線をつけた動詞にはついていない。

　"了"がついている述語とついていない述語を比べてみよう。

　（"了"がついていない）掏出　交给　装入　点上　吹熄
　（"了"ついている）掏了半天　接了　按了两下　去了

　"了"がついていない動詞には結果補語や方向補語がついているのがわかる。結果補語が加わると、動作の終着点が示されるし、方向補語があることによって空間的な限界が設定される。どうやら、「限界が

設定されているかどうか」が示されていることが重要であるらしい。どこまでその行為が行われたかが設定されていれば、過程描写文では"了"が無くても問題にならないことが多い（Andreasen, A, *Backgrounding and Foregrounding Through Aspect in Chinese Narrative Literature*）。実際のところ、いちいちすべての動詞に"了"がついているとうるさすぎるので、削れるところは削るのだろう。

　一方、"了"がついているものを見ると、"接了（受け取る）"のように一音節の動詞に直接ついている。動詞一音節で終わっている場合は限界が設定されていないし、リズム的にも二音節のほうが安定するから、"了"がつくのは道理である。また、"搯了半天（しばらくごそごそやる）""按了両下（ちょっと抑える）"のように「動詞（特に一音節）＋動作量（時間量）」になっている場合も、"了"がついていることが多い。意味的というより、そういう慣習なのだと思われる。

　小説文などで、"了"の使用が少ないのは、物語文の語り方の性質とも関連している。私のこれまでの研究で、物語を語る際、日本語や中国語では、物語られるその場面がひとたび導入されると、そこが「物語現在」となり、基準点とされることが明らかになった（詳しくは橋本陽介『物語における時間と話法の比較詩学——日本語と中国語からのナラトロジー』）。先ほど引用した魯迅「薬」の文章は、この「物語現在」の叙述である。「現在」に起こっていることだから、"了"は必ずしも必要がない。

　しかし、次の引用例では、基準点である「物語現在」よりも過去のことが言及されている。そうするとどうなるであろう。

　　一边洗，一边吩咐侍女卓玛，看看我——<u>她的儿子醒了没有</u>。
　　（洗いながら、侍女の卓瑪に<u>僕が眼を覚ましていたかどうか</u>見てくるように言いつ

158

けた。)(阿来《尘埃落定》引用者訳)

此刻我坐在咖啡室的一角等夏，我答应了带他到我工作的地方
去参观。
(今この時に、私は喫茶店の片隅に座って夏を待っている、彼を連れて私の仕
事場へ見学に行くことを、私は承諾していた。)(用例は劉綺紋『中国語のアスペ
クトとモダリティ』)

この引用例では、「母親が洗いながら侍女に言いつける」時点が「物
語現在」である。下線を引いた"她的儿子醒了没有"はその基準点
よりも以前に完了しているかどうかを聞いているので、当然"了"が必
要となる。

次の例は、物語現在は喫茶店の片隅で「夏」という人物を待ってい
る場面である。その「夏」を連れて仕事場に連れていくことを「承
諾した」のは、この物語現在以前に完了したことである。そこで、"答
应了"と"了"がつけられているのがわかる。

小説文などで、その語られる場面で起こることには"了"が使われに
くくなり、その語られる場面よりも前に完了していることには"了"が使
用されやすいのである。なお、小説文には、「物語現在的語り」と、「非
物語現在的語り」がある。だいたい、語られる場面は「物語現在的
語り」になるのだが、その「物語現在」に至るまでの経緯が説明され
ているところや、回顧シーンなどでは、「非物語現在的語り」が登場し
やすい。「非物語現在的語り」は、「物語現在的語り」に比べて、出
来事を要約的に語ることになる。要約的に語るとなると、"了"の使用
が多くなる。導入される基準点に対して、すでにそれが完了した事態
であることが表されやすいからであろう。

　先に、「過程描写文では最後に "了" がつきやすい」とした。もう少し大きい単位で見てみよう。

　一連の行為の最後だけでなく、実は章の始まりや新しい段落の始まりにも、"了" はつきやすい。新しい段落の始まりには、新しい場面や新しい話題が導入される。新しい場面・話題の提示に "了" はつきやすいということである。安部公房『砂の女』の中国語訳から見てみよう。

> 男人一直坐到了终点。一下汽车，眼前便是崎岖不平，坑坑洼洼的一片。低洼的地方，被分割成一小块一小块的水田，稍高出一点的地方是柿子田，像小岛一样散布在水田之间。男人不闻不问径直穿过村子，接着，再往村子后边白茫茫萧瑟荒寂的海边走去。（杨炳辰・王建新译《砂女》）
>
> （男は終点まで乗り続けた。バスを降りると、ひどく起伏の多い地形だった。低地がせまく仕切られた水田になり、そのあいだに小高い柿畑が島のように点在していた。男はそのまま村を通りぬけ、次第に白っぽく枯れていく海辺に向かって、さらに歩きつづけた。）

　日本語の原文では、最初の文が「男は終点まで乗り続けた。」となっている。男がバスに乗っている間は、それなりに長い時間が過ぎているはずであるが、物語の時間を一文で要約的に進めている。この一文で場面を切り替えているわけである。場面が切り替わっているので、新しい段落の最初に提示されているのだ。

　そしてその次の「バスを降りると」からは、比較的詳細にその場面が描かれていることがわかる。この中国語訳を見ると、"男人一直坐到

了終点。"と"V 了 O"の形で表されている。この先頭の一文だけは、主語と動詞が一つだけの単文で終わっているが、それ以降は節が多数連なって一つの文になっていることもわかる（つまり読点でどんどんつながっている）。中国語の小説文は、単文で終わることは珍しい。第九章で見るように、普通は読点で節が多数連なる形が取られる。しかし、段落の最初の位置は単文が比較的現れやすく、その単文がその段落で表されるトピックになる。それも、"了"が使用された"V 了 O"の形が使われやすい。次の例などは、段落の頭が単文でトピックになっていて、しかも"了"がついているわかりやすい例である。

> 居然还公布了考勤表。车间主任装成无可奈何的样子念迟到旷工病事假的符号，却一概省略了迟到的时间。有人指出这一点，车间主任手一摆，说："时间长短无关紧要。那个人不太正常嘛。"
> （なんと評定表まで公表したのだった。職場主任はやりたくないが仕方がないという風情で、遅刻・欠勤・病休・事故休の記録を読み上げたが、そのさい遅刻の時間は全て省略した。だれかがその点を指摘すると、主任は手を振って「それは五十歩百歩、悪いことにかわりはない」といった。）（池莉《烦恼人生》市川宏訳）

この例では、職場主任が評定表を公表したことがトピックとして段落の先頭に来ている。そして、その先はその評定表公表に関する顚末である。「評定表を公表したこと」を、新発生の事態として強調するのに、"了"があったほうがいいし、これ単独で文にした方がトピックとしてわかりやすい。

もちろん、章の最後や段落の終わりが、動作で終わる場合にも"了"はつきやすい。章や段落が終わるということは、そこでいったん

場面・話題を閉じるということだから、"了"を使うことによって、終結させるのである。"了"には「開始点」に達する「開始限界達成」と、「終結点」に達する「終結限界達成」があるが、これは「文」のレベルだけでなく、もっと大きなまとまりでも観察できるのだ。

　実は日本語も同様で、段落の始まりと終わりは「た」が使われることが多く、その途中は「た」が使われない形が多くなる。新たな場面・話題を出すには、「た」を使うし、それを終わらせるのにも「た」を使う。

◈ **視点との関係**

　"了"をどのように使うかについては、細かく見ていくとまだまだたくさん気づくことがある。よくわからないことも多い。最後にもう一つだけ、「視点」との関連を取り上げておこう。先ほども引用した魯迅の「薬」。もう少し長く引用してみる。

> 华大妈在枕头底下掏了半天，掏出一包洋钱，交给老栓，老栓接了，抖抖的装入衣袋，又在外面按了两下；便点上灯笼，吹熄灯盏，<u>走向里屋子去了</u>。那屋子里面，正在窸窸窣窣的响，接着便是一通咳嗽。
> （華大媽は、枕の下をごそごそやって、やがて銀貨の包みを取り出し、老栓に渡した。老栓は受け取って、ふるえる手でポケットに入れ、上からおさえてみた。それから提灯に火をつけ、燈心をふき消し、<u>奥の部屋へ行った</u>。その部屋では、何やらガサガサ音がしていたと思うと、つづいてコンコンという咳がきこえた。）（竹内好訳）

　下線を引いた"走向里屋子去了。（奥の部屋へ行った。）"とその先の文章に着目してみよう。「燈心をふき消し、奥の部屋へ行った。」と語っ

た後、視点はどこにあるだろうか。老栓とともに、奥の部屋に入っているだろうか。それとも、部屋の外側にあるままだろうか。

　次の文は「その部屋では、何やらガサガサ音がしていたと思うと、つづいてコンコンという咳がきこえた。」となっている。ということは、視点は奥の部屋に入ってはおらず、外側にあるままだ。つまり、“了”によって、視点のある空間からの消失を表しているのである。

　同じく魯迅の小説から、「故郷」の冒頭を取り上げてみよう。

> 　　我冒了严寒，回到相隔二千余里，別了二十余年的故乡去。
> 　　时候既然是深冬，渐近故乡时，天气又阴晦了，冷风吹进船舱中，呜呜的响，从篷隙向外一望，苍黄的天底下，远近横着几个萧索的荒村，没有一些活气。
> （きびしい寒さのなかを、二千里のはてから、別れて二十年あまりになる故郷へ、私は帰っていった。
> 　　もう真冬の候であった。その上、故郷へ近づくにつれて、空模様はあやしくなり、冷たい風がヒューヒュー音を立てて、船の中へまで吹きこんできた。篷の隙間から外をうかがうと、どんよりした空の下に、わびしい村々が、いささかの活気もなく、あちこちに横たわっていた。）（竹内好訳）

　最初の文では、二十年来の故郷に戻っていくさまが表されている。この“別了二十余年的故乡去。”に着目しよう。移動を表す動詞“去”には“了”が使用されていない。つまりこの文は、船に乗って故郷に帰っていくという動作そのものを捉えている文なのであり、それがすでに終結したことは述べられていない。よって、直訳すれば「別れて二十年あまりになる故郷へ、私は帰っていく」となるであろう。

　次の段落を見てもわかる通り、視点は船の中にあり、まだ故郷に着

いてはいない。それに、故郷に到着してからの視点であれば、「故郷に帰っていった」ではなく、「故郷に帰ってきた」になるはずで、中国語でも"去"ではなく"来"が使われるだろう。

そう考えてみると、ここにあげた竹内好訳（旧訳）は奇妙だ。「行った」というのだから、「行く」行為はすでに完了しているか、過去のことでなければならない。とすれば、「私」は故郷に着いていなければならない。だが、着いているなら、「故郷に帰ってきた」にならなければおかしい。

三人称で、「彼は故郷に帰って行った」ならわかる。発話者のいる場所から離れて、「彼」が出発したことを表すのである（「行く」行為の開始が完了したわけだ）。だが、この文章は一人称である。一人称の語り手が移動する以上は、視点の位置も移動せざるをえない。このためか、竹内の新訳版では「別れて二十年にもなる故郷へ、私は帰った」に変更されている。

とはいえ、現在の小説文として「別れて二十年あまりになる故郷へ、私は帰っていった。」は、なんら不自然ではない。なぜなら、「私は帰って行った」の「た」に過去の意味はないからである。もっと言えば、完了の意味すらないかもしれない。藤井省三訳では「僕は厳しい寒さのなか、二千里も遠く、二十年も離れていた故郷へと帰っていく。」となっている。こういう非過去形の使い方は翻訳文体などから生まれた新しいものであるが、意味するところは「帰って行った」と変わらない。どちらも、作品世界内にいる登場人物の「私」の行動を、世界の外側から客観的に眺めて叙述しているのである。

小説文では、「物語現在」を「現在」として、表出するのである。

◈**読書案内**

　"了"に関する研究は非常に多くあるが、まずは本文中で
も触れた劉綺紋『中国語のアスペクトとモダリティ』(大阪大学
出版会、2006年)と木村英樹「動詞接尾辞"了"の意味と表
現機能」(『大河内康憲教授退官記念　中国語学論文集』東方書店、
1997年)を読みたい。木村英樹「「持続」・「完了」の視点
を超えて―北京官話における「実存相」の提案―」(『日本語
文法』6巻2号、2006年)は中国語のアスペクトについて、新た
な観点を導入している。

　劉月華・潘文娛・故韡『現代中国語文法総覧』(相原茂監訳、
片山博美・守屋宏則・平井和之訳、くろしお出版、1996年)には、細か
い使用法が書かれている。小説文中の"了"については橋
本陽介『物語における時間と話法の比較詩学――日本語と
中国語からのナラトロジー』(水声社、2014年)をぜひご覧いた
だきたい。小説文に限らず、重要な参考文献もまとめられて
いる。

　なお、動詞について、「走る」や「歩く」は限界のない動
作であるのに対して、「壊す」などは瞬間達成動詞であるとし
た。「円を描く」などは、動作の過程を含むが、終結点も決
まっている動作になる。このような、動詞の意味分類は
Vendler, Z (1967) *Linguistics in philosophy*, Cornell University
Press によるものがその嚆矢である。

［参考文献］

木村英樹 (1997)「動詞接尾辞 "了" の意味と表現機能」『大河内康憲教授退官
　　記念　中国語学論文集』東方書店

下地早智子 (2002)「現代中国語におけるアスペクト助詞 "了" と「文終止」問題に
　　ついて」『神戸外大論叢』53 号、神戸市外国語大学研究会

橋本陽介 (2014)『物語における時間と話法の比較詩学──日本語と中国語からの
　　ナラトロジー』水声社

劉綺紋 (2006)『中国語のアスペクトとモダリティ』大阪大学出版会

孔令达 (1994)《影响汉语句子自足的语言形式》《中国语文》第 6 期

刘勋宁 (1988)《现代汉语词尾 "了" 的语法意义》《中国语文》第 5 期

刘月华・潘文娱・故韡 (1983)《实用现代汉语语法》外语教学与研究出版社 (『现
　　代中国語文法総覧』相原茂監訳、片山博美・守屋宏則・平井和之訳、くろしお出
　　版、1996 年)

Andreasen, A (1981) *Backgrounding and Foregrounding Through Aspect in Chinese
　　Narrative Literature*, Stanford University Dissertation.

Li, C & Thompson, S (1981) *Mandarin Chinese : a functional reference grammar*,
　　University of California Press.

現代中国語の"是"

"是"は中国語を習い始めてすぐに登場する。"我是大学生"のように、"A是B"の形で用いられるが、この場合、AもBも名詞であり、英語のbe動詞のような働きをしている。こうした"是"は、判断詞の"是"と呼ばれている。だが、ちょっと学習を進めてくると、動詞の前に置かれていて「強調」や「焦点」を表す副詞の"是"なるものが出てくる。

文法の本で「強調」と書かれていたら要注意である。日本語の古典文法では係結び「ぞ、や、なん、か、こそ」が「強調」などと説明されるが、すべて強調だとしたら五つも違う助詞を使う意味が解らない。うまく説明できないものをとりあえず「強調」といって済ませている疑いがある。また、初級文法で理解が難しい構文に"是~的"構文なるものがある。これは、"我是坐地铁来的 Wǒ shì zuò dìtiě lái de（私は地下鉄に乗ってきたのです）"のように、すでに起こった出来事に対してその方法や手段、場所などをつけ加える構文とされるが、本章では、そんな"是"の謎を解く。実は、現代中国語の"是"を統一的に理解するには、そのもともとの意味である「コレ」（より近いのは「ソレ」だが）、すなわち指示詞に戻って考えるのが有効なことを示す。

◈ "A是B" はいつから使われているのか

古典漢文では、「AはBだ」を表すには、単に「A、B」と並べるか、もう少しはっきりさせたい場合には「A、B也」、「A者、B也」などの表現形式を使っていた。

亜父者、范増也（亜父とは、范増のことである）

この例では主語の「亜父」に「者」をつけ、述語に「也」をつけているが、「者」も「也」もない形式もあった。

　しかし、「AはBだ」を表すのに、単に「A、B」とするだけでは、さすがにわかりにくかったのだろう。いつの間にか"是"が介在するようになった。

　"是"は日本語で「コレ」と読むように、もともとは指示詞である。『論語』などを見ても、"是"は前に出てくる要素を承ける用法が出てくる。指示詞なので当たり前である。

　　富與貴、是人之所欲也。（『論語』里仁）
　　（富と貴、これは人が欲するところのものである。）

　まず"富與貴"と話題を提示し、続いて指示詞の"是"で、「コレは」と取り立て、"是人之所欲也（人が欲するところのものである）"と説明を続けている構造になっている。つまり、「Aというのは、これはBだ」のような形式があって、そのうちに、「これは」の意味が薄れていき、AとBが両方名詞の場合には義務的に使われるようになった結果が、"A是B"である。

　"A是B"の"是"がいつから指示詞性を薄めたのか、その年代はよくわかっていないが、少なくとも『世説新語』(5世紀)には、次のような文が登場している（『世説新語』には当時の口語を反映する文がしばしば出てくる）。

　　謂吏曰：「我是李府君親。」（『世説新語』言語第二）
　　豫章太守顧劭是雍之子。（『世説新語』雅量第六）

前者を訓読すれば「吏に謂いて曰く「我是李府君が親なり」」となるだろう。いちおう漢文訓読の習慣では "是" は「これ」と読むけれども、意味的には「私は李府君の親戚である」と言っているだけだから、特に「これ」といった意味はないかもしれない。後者も「豫章太守顧劭はこれ雍の子なり」と読めるが、"是" に「これ」の意味はおそらくすでにない。「これ」の前も後ろも単純な名詞句だし、現代語の用法に近いように思われる（"是" がいつ文法化したかについては、王力《中国文法中的系词》、冯胜利《古汉语判断句中的系词》、石毓智・李讷《汉语语法化的历程—形态句法发展的动因和机制》等で議論されている。漢代にはもう文法化しているとの説もある）。

◈ **判断詞とされる "是"**

　現代中国語では、「AはBだ」を表すには、"A 是 B" の形を取っている。初級文法で習うのは、"我是学生（私は学生だ）" "我是日本人（私は日本人だ）" のように、AもBも名詞であり、英語の be 動詞に似ているように思われる。しかし学習を進めてくると、実はそれほど簡単ではないことがわかってくる。まず次を見てほしい。

　<u>昨天来的</u>是<u>小王</u>。Zuótiān lái de shì xiǎo Wáng.
　　A　　　　B　　（昨日来たのは王君だった。）

　<u>有人昨天来</u>，是<u>小王</u>。Yǒurén zuótiān lái, shì xiǎo Wáng.
　　A　　　　　　B　　（昨日誰かが来たんだけど、王君だった。）

　前者は "是" に先行する要素 A は、"昨天来的（昨日来たのは）" と、"的" がついているから、名詞句である。では後者はどうだろうか。先

ほどと意味は似ているが、"有人昨天来（昨日誰かが来た）"は名詞句ではなくて動詞句になっている。

　初級文法を見ると"A 是 B"の形は英語の be 動詞に似ていると思われる。しかし、英語では A も B も名詞句である必要がある。一方、中国語の"是"の前に出てくる要素 A は、名詞句でなくてもいい。それでも、A で述べたことに対して B で説明を加えている点は変わらない。

　A だけでなく、B も名詞句でなくていい。

　　来这儿，是要找一位姓温的兄弟。

　　Lái zhèr, shì yào zhǎo yí wèi xìng Wēn de xiōngdì.

　　（ここに来たのは、温という姓の兄弟を探すためだ。）（金庸《碧血剑》）

　この文から、"是"を取り除くとどうなるだろうか。"来这儿，要找一位性温的兄弟"となり、日本語訳は「ここにきて、温という姓の兄弟を探さなければならない」のようになる。ただ動詞句が二つならんでいるだけだ。ここに"是"が加わるとどうなるか。要素 A"来这儿（ここに来た）"が判断対象になり、後続する B"要找一位姓温的兄弟"が A に対して説明を加える構造に変わる。

　なぜこうなるのだろうか。"是"がもともと指示詞であったことを思い出そう。

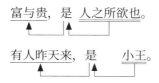

"富与贵，是人之所欲也。"では、「富と貴」とまず挙げたうえで、「それは人の欲するところである」と、続けていた。「人の欲するところである」は直接的には"是"に対して、説明を加えている。"是"は指示詞なので、先行する要素が名詞だろうが、動詞句だろうが、文だろうが、だいたい何でも「それ」と指示してしまうことが可能なのだ。

現代中国語でも構造のうちにこの痕跡が残っている。"是"に先行する要素が名詞句であっても動詞句であっても、あるいは別のものであっても、いったん受け止めて判断対象に変え、それに対する説明を後ろ側に続けることができる。

現代中国語において、"是"の中心的な機能は、先行する要素A（判断対象）に対して、説明Bを加えることである。AとBを単につないでいるのではない。

要素Aは、次のように先行する節の一部分でもありえる。

我们慢慢去往雪邦，是越来越冷的地方。
Wǒmen mànman qù wǎng xuěbāng, shì yuè lái yuè lěng de dìfang.
（私たちはゆっくりと雪国へとむかった、ますます寒いところだった。）（韩寒《长安乱》）

左边的长一些，是一把双刃剑。
Zuǒbiān de cháng yìxiē, shì yì bǎ shuāngrènjiàn.
（左のはちょっと長い、もろ刃の剣だ。）（阿来《尘埃落定》）

塔娜笑了，是月光一样清冷的笑。
Tǎnà xiào le, shì yuèguāng yíyàng qīnglěng de xiào.
（塔娜が笑った、月光のように清く冷たい笑いだった。）（阿来《尘埃落定》）

一つ目の例"是越来越冷的地方（ますます寒いところだった）"は、直接的には何に対する説明をしているのかというと、その前に出てくる"雪邦（雪国）"である。つまり、前の節の目的語が判断対象 A になっている。分析的に言えば、"我们慢慢去往雪邦，那雪邦是越来越冷的地方（私たちはゆっくりと雪国へとむかった、その雪国はますます寒いところだった）"とでもなろうか。しかし、中国語では"那雪邦是…"ともう一度主語をつけ加える必要は全くない。

　次の例"左边的长一些，是一把双刃剑。"で"是"の後に出てくる要素 B が説明しているのは、前の節の主語である"左边的"である。三つ目の例では「塔娜が笑った」ことに対して、"是月光一样清冷的笑"と説明を付与している。

　次の例では、"是"に後続する要素 B が説明している要素 A は他人の発言中にある。

　　　"我看见活佛的黄伞给吹到河里去了。"
　　　"阿弥陀佛，太太，<u>是我道行低微的缘故啊</u>。"
　　　"Wǒ kànjiàn huófó de huáng sǎn gěi chuīdào hé li qù le."
　　　"Ēmítuófó, tàitài, shì wǒ dàohéng dīwēi de yuángù a."
　　　「活仏の黄色い傘が川に吹き飛ばされていったのを見ましたよ」
　　　「南無阿弥陀仏、奥様、<u>私の修業がいたらないせいです</u>」
　　　（阿来《尘埃落定》）

　この例では、「奥様」が、「活仏の黄色い傘が飛ばされてしまった」と述べている。その状況に対して、"是我道行低微的缘故啊（私の修業がいたらないせいです）"と、"是"以下で説明を加えている構造である。これなど、「それは私の修業がいたらないせいです」のように、「それは」を

つけて訳したくなるところだ。

　さらに、要素Bが説明する要素Aは言語化されていなくてもいい。
その場の状況に対しても使えてしまう。

　　　是谁?──是江姐。Shì shéi? -- Shì Jiāngjiě.
　　　(誰? ──江姐です。)

　　　是你下的毒! Shì nǐ xià de dú!
　　　(おまえが盛った毒か!)(金庸《碧血剣》)

　ドアをノックする音がする。誰かがノックしていることはわかっている。
ではそれは誰なのか聞きたい。そこで出てくるセリフが"是谁"である。
ここでの"是谁"は、ドアを誰かがノックしているという状況に対して
判断しているのである。その答えも、"是江姐。"と"是"を使用してい
る。これも言語外の状況に対する判断である。

　次の"是你下的毒"では"你下的毒"は、「おまえが盛った毒」を
表す。これは、登場人物が毒の入った食べ物を食べてしまい、苦しん
でいるところで、その毒を盛ったらしき犯人が発話者の前に現れた状
況でのセリフだ。"是"があることによって、"你下的毒"が毒を盛られ
たという状況に対する判断・説明になっているのである。

　"是"はもともと指示詞なわけだから、言語外の状況を指示すること
も当然できた。いったん"是"で指示しておいて、それに対する判断・
説明を加えていたのである。現代語の"是"には、指示している意識
はなくなってしまったが、"是＋B"はそれに先行する要素が言語化さ
れていようが、されていまいが、とにかく先行するものに判断や説明を
加えることができるのである。

◈ **副詞とされる"是"**

"是＋B"はそれに先行する要素が言語化されていようが、されていまいが、先行するものに判断や説明を加える。実はこれは、「強調」などと呼ばれている副詞としての"是"でも同じである。

> 她是很漂亮。Tā shì hěn piàoliang.
> （彼女は確かにきれいだ。）
>
> 是我搞错了。Shì wǒ gǎocuò le.
> （私が間違えたのです。）

このような、"是"は、構造上なくてもいいので、副詞とされる。"他是很漂亮。"は"她很漂亮。（彼女はきれいだ。）"に"是"を加えた形であるが、この意味は果たして何なのだろう。文脈によるけれども、「彼女は確かにきれいだ」のように、確認するようなニュアンスが出ることが多い。次の例文から"是"を除いた"我搞错了。"だと、「私が間違えました」の意味だが、"是我搞错了。"とすると、「（他の人ではなく）私が間違えたのです」と、「私」が強調されていると言われている。意味的には英語の強調構文 It is A that~ の形に近いとされている。確かにそのようなニュアンスが生じることが多い。

だが、「副詞」と言われている"是"と、これまで見てきたような判断詞とされている"是"は、簡単には判別できない。簡単に判別できないのはとりもなおさず、「副詞」とされているような例も含めて、"是＋B"はそれに先行する要素を判断対象とし、それに判断や説明を加えるものだからである。

上に見たような例の謎を解く前に、先に見た例"是江姐。"を考え

てみよう。この例は、"是"の後に名詞がきて、「(ドアをノックしているのは)江姐だ」と判断しているのであった。では、次の会話だったらどうだろうか。

　　A：什么声音? Shénme shēngyīn?
　　B：是江姐在敲门。Shì Jiāngjiě zài qiāo mén.
　　(A：何の音?)
　　(B：江姐がドアをたたいているのです。)

　　何かよくわからないドンドンという音がしたとする。そこで、「何の音?」と聞いた。Bは江姐がドアをたたいている音だと判断できたので、"是江姐在敲门。"と発話した。この場合、"江姐在敲门(江姐がドアをたたいている)"だけ見ると、主語も動詞もある、普通の文である。とすると、"是"は強調している副詞だと考えていいだろうか?　いや、どうもそうとも言えない。"是"以下は、発生している状況に対して、判断・説明を加えている点では同様だからだ。
　　次の例はどうだろうか。

　　温：我们结拜成兄弟，你说好不好。
　　Wǒmen jiébàichéng xiōngdì, nǐ shuō hǎobùhǎo.
　　(俺たち、義兄弟の契りを結ぼう。どうだ?)

　　袁：结拜? Jiébài?
　　(義兄弟の契り?)

温:怎么?你不愿意啊。是瞧不起我吗?

Zěnme? Nǐ bú yuànyì a. Shì qiáobuqǐ wǒ ma?

(なんだ？　気が進まないのか？　俺をバカにしているのか?）(金庸《碧血剑》)

　　この例では"温"という人物が、"袁"に義兄弟の契りを結ぼうと提案している。その提案に対して、袁は、ためらいの様子を見せる。そのためらっている様子を見た温は、"(その態度は)瞧不起我?"なのか、と言っているのである。分析的に言えば、次のようになるだろう。

　　你这个态度是瞧不起我吗? Nǐ zhège tàidù shì qiáobuqǐ wǒ ma?

　　(おまえのその態度は、俺をバカにしているのか?)

　　このように考えると"是瞧不起我吗?"の"是"は強調を表しているわけではなくて、あくまでも先行する状況に対して判断を下していることがわかる。

　　この例をさらに改変すると、次のようになる。

　　你是瞧不起我吗? Nǐ shì qiáobuqǐ wǒ ma?

　　(おまえは俺をバカにしているのか?)

　　こうなると、「主語＋"是"＋動詞句」の形になった。そして、このような形になっているとき、学習書でも研究書でも副詞とされてきている。

　　ところが、意味的には先ほどの"是瞧不起我吗?"とほとんど同じだ。つまり"你是瞧不起我吗?"も、ためらいを見せる袁の態度に対する判断として"瞧不起我吗（バカにしているのか）"と述べているのである。

ということは、"是"は依然として先行する状況に対して判断・説明を加える機能のままである。

"你是瞧不起我吗"の"是瞧不起我吗"が判断・説明を加えているのは直前の名詞"你"ではない。主語を飛び越えて、その前に与えられている要素Aに対して判断・説明を加えることが可能なのだ。直前の名詞との関係しか考えてこなかったのは、判断詞としての"是"がbe動詞に類似していると考えられていたからだ。だが、"是"はbe動詞ではなく元々は指示詞だから、直前の名詞以外のものも取り立てて判断対象にすることができるのである。

"是"が直前の主語ではなく、それを飛び越えられるということが、まだ信じられない人もいるかもしれない。次の例ならどうだろう。

> 她还说："特派员送的银器没有麦其家的漂亮。"她是指装烟具的那个银盘。
>
> Tā hái shuō: "Tèpàiyuán sòng de yínqì méiyǒu Màiqí jiā de piàoliang." Tā shì zhǐ zhuāngyānjù de nàge yínpán.
>
> (彼女はさらに言った。「特派員が送ってきた銀器は麦其家のものほどはきれいではない」。彼女は煙草道具を入れる銀の盆のことを指していた。)
>
> (阿来《尘埃落定》)

これは以下の構造をしている。

> 她还说："特派员送的银器没有麦其家的漂亮。"
> 　　　　　　A（判断対象）
>
> 她是指装烟具的那个银盘。
> 　　B（説明）

"是指装烟具的那个银盘（煙草道具を入れる銀の盆のことを指していた）"
は、先行する発話である「特派員が送ってきた銀器は麦其家のものほ
どはきれいではない」に対する説明として加えられているものである。
"是"はやはり、その直前の名詞"她"を飛び越えてそれよりも前を判
断の対象にしているのである。

◈ **確認を表す"是"**

　先ほど、"她是很漂亮。"は、「彼女は確かにきれいだ」の意味になる
（ことが多い）と述べた。このように、"是"には、確認のニュアンスが出る
ことがある。いったいこれはどういうことなのか、文脈で確認してみよう。

　　奶奶说："这个活计喝醉了"Nǎinai shuō: "Zhège huójì hēzuì le"
　　罗汉大爷说"是醉了"。Luóhàn dàyé shuō "shì zuì le".
　　（おばあさんは言った。「こいつは酔っぱらってるんだよ」）
　　（羅漢大爺は言った。「確かに酔っている」）（莫言《红高粱家族》）

　余占鰲という人物が、酔っぱらって大騒ぎをしている場面である。そ
の余占鰲をさして、おばあさんが「こいつは酔っぱらってるんだよ」と
言っている。これを承けて、羅漢大爺が"是醉了"と述べているが、
「確かに酔った」と確認を表すような意味になっている。確認している
ようなニュアンスが出ているのは、文脈上で"醉了"がすでに出てきて
いるからであって、"是"以下で状況に対する判断を下しているのは同
じである。もう1例見よう。

"你们赌了三天三夜?" 爷爷问。

Nǐmen dǔle sān tiān sān yè?" Yéye wèn.

"是赌了三天三夜" 罗汉大爷说。

Shì dǔle sān tiān sān yè" Luóhàn dàyé shuō.

(「三日三晩、博打をしていたのか?」とおじいさんが聞いた。)

(「三日三晩、博打をしていたんだ」と羅漢大爺は言った。)

(莫言《红高粱家族》)

　この場面では、おじいさんが羅漢大爺たちの手や顔が錆でまみれているという状況を見た上で、"赌了三天三夜?" と聞いている。

　羅漢大爺はこれに対し、"是赌了三天三夜" と答えている。すでにある状況に対して説明を加えているという点ではこれまで見てきたものと同様である。文脈上、三日三晩博打をしていたという事柄はすでに言われているため、確認のニュアンスが出ているのである。

　「おじいさん」は羅漢大爺たちが賭け事をしていたことを知らなかったとしよう。現場に乗り込んだところ、部屋が荒れに荒れていて、カードが散らばっており、男が何人も寝ころんでいたとする。そこで、「いったいどういうこと?」と聞いたとする。そこで羅漢大爺が "是赌了三天三夜" と言ったとしたら、"是" に確認のニュアンスは出ない。その場の状況に対して、説明を加える意味になる。

◈ **焦点を表すとされる "是"**

　次のように、「"是"＋主語＋動詞句」の形になっているものは、主語の部分が焦点になっているとされていることが多い。なぜそのようなニュアンスが生じるのだろうか。

是我搞错了。Shì wǒ gǎocuò le.
（私が間違えたのです。）

是你母亲先吵起来。Shì nǐ mǔqīn xiān chǎoqilai.
（あなたのお母さんが先にけんかを仕掛けてきたのだ。）

　前者は、何らかの間違いが生じていて、それは"我"が間違えたのだ、と、"我"に焦点が当たるとされる。後者は、けんかをしているという状況が先にあって、"你母亲（あなたのお母さん）"が先にけんかを仕掛けてきたのだ、と言っているとされる。

　ということは、「焦点」とされる"是"が出てくる例では、すでに何かが発生していることが前提となっていることがわかる。そしてその前提となる何らかの状況に対して、説明を加える形になっていることはこれまでに見た例と同様なのである。

　では、なぜ"是"の直後の"我""你母亲"に焦点が当たるのだろうか。"是我搞错了（私が間違えたのです）"と述べるとき、たいていは誰かが過ちを犯したことが、状況から読み取れる。状況から読み取れるならば、「間違えたこと」はすでに既知の情報である。だから、新しい情報である"我"に焦点が当たるような気がするのだ。"是你母亲先吵起来。"にしても、けんかが発生していることはわかりきっているのだから、そこには情報の焦点が当たらないだけである。

　文脈次第では、「"是"＋主語＋動詞句」全体が焦点となる。

A：什么声音? Shénme shēngyīn?

B：是猫把花瓶打碎了。Shì māo bǎ huāpíng dǎsuì le.

（A：何の音?）

（B：猫が花瓶を壊したのです）

（用例は张和友《"是"字结构的句法语义研究—汉语语义性特点的一个视角》）

　この例では、何らかの音がしたという状況に対して「猫が花瓶を割ったのだ」と説明を加えている。「猫が花瓶を割ったこと」全体が新情報だから、「全体焦点」となっているのである。同じく"是猫把花瓶打碎了。"と言ったとしても、文脈によっては猫の部分だけが焦点になることもあり得るだろう。例えば、床に破片が落ちていて、花瓶を誰かが壊したことは明らかであれば、猫だけに焦点が当たって感じられる。

　まとめれば、「"是"＋主語＋動詞句」は、話し手にとっても聞き手にとっても「何らかの出来事」が発生したことが明らかになっていて、その「何らかの出来事」（要素 A）に対して"是"以下で新たな説明を加える文型なのである。"是"の直後に来る主語は新情報であるために焦点が当たっていると感じられる。次の動詞句は言語化されること自体は初めてであるが、すでにわかっていることを改めて言語化したものであることが多い。このために焦点から外れることが多いものの、そうでなければ"是"以下全体が焦点となるのである。

◈ "是～的" 構文

　ついに、学習者を悩ませる"是～的"にせまるところまできた。この構文、非常によく使われるわりに、よくわからないという人が多いようだ。そもそも教材からして、いわゆる"是～的"ではないものをも"是～

的”のところに載せていたりするから、混乱するのだ。まずは、狭義の
“是～的”ではないものから見てみよう。

　　这是毛泽东写的。Zhè shì Máo Zédōng xiě de.
　　（これは毛沢東が書いたものだ。）

　　小王是在西单卖车的。Xiǎo Wáng shì zài Xīdān mài chē de.
　　（王君は西単で車を売っている人です。）

　　これらは“是～的”が使われているが、最後の“的”はその前を
名詞に変える働きをしているものなので、“我是学生”の形の、“学生”
の部分が長くなっているだけである。“这是毛泽东写的”の“毛泽东
写的”は「毛沢東が書いたもの」を表す名詞句であり、主語の“这
（これ）”を説明している。次の“小王是在西单卖车的”はもう少し複
雑だが、“的”の後に“人”が省略されていると考えるとわかりやすい。
主語である“小王”について、「西単で車を売っている人だ」という説
明を付与しているのである。
　　一方、いわゆる“是～的”構文はこれとは異なる。

　　你是在哪儿学的? ― 我是在北京学的。
　　Nǐ shì zài nǎr xué de? - Wǒ shì zài Běijīng xué de.
　　（あなたはどこで学んだのですか?　私は北京で学んだのです。）

　　このような例では、すでに「私」が中国語を学んだことがわかってい
て、では「どこで学んだのか?」を追加で聞く際に“你是在哪儿学
的?”と聞く。答える方も、「北京で」を追加で言うときに、“我是在北

京学的。”と答える。これが"是〜的"であると言われている。

　「すでに完了していることに対して補足的な説明を加える」などと説明されているけれども、学習者としては「完了していることについては"了"を使うのでは?」と思うところである。そこで、次のような対話で見てみよう。

　　A:他已经来了。Tā yǐjīng lái le.
　　B:他是什么时候来的? Tā shì shénme shíhou lái de?
　　（A:彼はもう来た。）
　　（B:彼はいつ来たんですか?）

　Aは「彼はもう来た」と述べているが、「彼が来た」ことは、新しい情報である。そこで"了"を使って、「彼が来た」ことを伝えている。それに対してBのほうとしては、「彼が来た」こと自体はすでに古い情報になっている。こうなると、"是〜的"が使われて、"他是什么时候来的?（彼はいつ来たんですか?）"となる。

　さて、それではなぜこのようなときに"是"が使われるのだろうか。本章ですでに明らかにしてきた通り、"是"は先行する状況・情報Aを判断の対象とし、その後ろにそれを説明する文を続ける機能を持つのであった。"这是毛泽东写的。"は"这"が判断対象となっているが、"他是什么时候来的?"の判断対象は"他"ではない。そうではなくて、「彼が来たこと」を承けており、それに対するさらなる説明B"什么时候来的"を続けていると考えられるのである。

　文法研究は文を単位に行われることが多い。"是"についても、多くの記述は文の内部だけで説明されている。しかし、"是"がどのような

働きをしているのかは、文脈を見ないとわからないのである。

◈ **日本語「のだ」との比較**

　さて、ここで"是"を使った文の日本語訳に着目してみよう。例えば

　　是江姐在敲门。Shì Jiāngjiě zài qiāo mén.
　　（江姐がドアをたたいているのです。）

　　是赌了三天三夜。Shì dǔle sān tiān sān yè.
　　（三日三晩、博打をしていたんだ。）

　　我是在北京学的。Wǒ shì zài Běijīng xué de.
　　（私は北京で学んだのです。）

　いわゆる"是〜的"構文を含めて、日本語では「〜のだ」「〜のです」や、それを口語にした「〜んだ」とするとしっくりくるものが多い。
　日本語の「のだ」も、「強調」などとされることもあるが、詳しく見ていくと先行文脈で与えられている主題に対して説明をつけ加えるための形式であることがわかる。「江姐がドアをたたいています。」と「江姐がドアをたたいているのです。」を比較してみると、前者は何も前提がない中で事実を述べているのに対して、後者は、何らかの状況があって、それに対して説明をしていることがわかるだろう。

◆**読書案内**

　"是～的"の形式は主に、"的"の方面から探られてきた。その重要な先行研究としては木村英樹「"的"の機能拡張——事物限定から動作限定へ」(『現代中国語研究』第4期、現代中国語研究編輯委員会、2002年) や杉村博文「中国語における動詞の承前形式」(『日本語と中国語の対照研究』6号、日本語と中国語対照研究会、1982年) などが挙げられる。本章が明らかにした内容について、より詳しくは橋本陽介『中国語における「流水文」の研究　「一つの文」とは何か』(東方書店、2020年) 所収の論文「現代中国語における"是"の文脈における機能」を参照のこと。

　"是"は、「主題—説明」の構造と深くかかわるものであるが、日本語を含む「主題」については益岡隆志『主題の対照』(くろしお出版、2004年) などがわかりやすい。また、日本語の「のだ」については、野田春美『「の（だ）」の機能』(くろしお出版、1997年) を参照のこと。

［参考文献］

冯胜利 (2003)《古汉语判断句中的系词》《古汉语研究》第1期

石毓智・李讷 (2001)《汉语语法化的历程—形态句法发展的动因和机制》北京大学出版社

王力 (1937)《中国文法中的系词》(《王力文集》第16卷、山东教育出版社、1990年)

张和友 (2012)《"是"字结构的句法语义研究—汉语语义性特点的一个视角》北京大学出版社

第八章

連体修飾と"的"

通常、SVO の語順を持つ言語では、修飾語は被修飾語の後ろにつく語順になる。英語では red book のように、単純な修飾語（red）は被修飾語（book）よりも前に置かれるものの、関係詞節など、長くなると、the book which I wrote（私が書いた本）のように、後置修飾になる。中国語は SVO 言語であるにもかかわらず、日本語と同じように修飾語が被修飾語よりも前に置かれる。現代中国語では英語なら関係代名詞を使うような複雑で長い連体修飾語であっても、"的" を使用した前置修飾を用いるようになっており、世界の言語の中でも特に珍しい語順であるという。

　日本語は SOV の語順を持つ言語なので、その点では中国語と英語とは異なっている。しかし、修飾語—被修飾語の語順で言えば、中国語は日本語に類似している。よって修飾語については、日本語の感覚で並べると、中国語でもおおむね正しい文になることも多い。これは日本語—中国語間の翻訳、特に長い文の翻訳を容易にしているものの、似ているがゆえに違いに気づかないところもある。本章では修飾語のうち、"的" を用いる連体修飾語について見ていこう。

　まず、次の例から見よう。

　　有一天她从山上下来，和我讨论她不是破鞋的问题。
　　ある日、彼女は山から下りてきて、私と自分がふしだらではないという問題について討論した。（王小波《黄金时代》）

　この例では「彼女」が、「山から下りてきて、私と討論した」と二つの動作が順番に並んでいる。直訳した例も、日本語として自然ではある。しかし、実際に出版された日本語訳版（桜庭ゆみ子訳）では、次のよう

に訳出されている。

　　ある日山から下りてきたあいつは自分はふしだらではないと議論を
　　ふっかけてきた。

　つまり、"她从山上下来（彼女は山から下りてきて）"を、「山から下りてき
たあいつは」と、連体修飾語に変換しているのである。わざわざ構造
を変えて訳出しているわけだから、そのほうが自然（こなれた日本語）だと
判断しているのだろう。
　この日本語から中国語を直訳しようと思うと、次のようになるだろう。

　　有一天从山上下来的她，和我讨论她不是破鞋的问题。

　これでもよさそうな気がするが、実際にはほとんど使われない。小野
秀樹「中国語における連体修飾句の意味機能」は、単純に継起性の
みを有する二つの行為を表す文の第一動詞句では、中国語において
連体修飾句の使用が見られないとしている。つまり、「AがBして、そ
れからCする」という内容を表す場合、日本語では「BしたAは、C
した」のように、最初の行為を連体修飾語にすることができるのに対し
て、中国語ではそのようにはしないということである。もう1例挙げよう
（例は楊凱栄『中国語学・日中対照論考』）。

　　立止まった私は、燐寸箱の隙間に花紙を詰めて音を消した。
　　我收住脚向火柴盒中塞进一张软纸，响声立即消失了。

「立止まった私は、燐寸箱の隙間に花紙を詰めて音を消した。」は、「私は立止まり、燐寸箱の隙間に花紙を詰めて音を消した。」と同じことを表しており、中国語はそのような構造に翻訳している。

日本語は中国語と比較すると、連体修飾語構造を好む言語なのである。

◈ 日中の連体修飾語の違い

日本語にはほかにも、次のような連体修飾語構造が見られる。以下の用例は益岡隆志「連体節の表現と主名詞の主題性」から取った。

対比・逆接
スタート時、最近の高校生を教えるのは難しいのでは、と不安だったという染丸師匠は……今やノビノビ授業に取り組んでいる。

原因・理由
最後のバスに乗りおくれた僕はしょうがなく橘寺をうしろにして一人でてくてく歩きだしました。

「対比・逆説」の例では主語の「染丸師匠」の前に連体修飾語「スタート時、最近の高校生を教えるのは難しいのでは、と不安だったという」がついている。これはその先に出てくる述語「今やノビノビ授業に取り組んでいる」の前段階を表したものであり、連体修飾語部分と述語部分が対比的になっている。次の「原因・理由」を表す例では、連体修飾語の「最後のバスに乗りおくれた」が「一人でてくてく歩きだした」の理由を表しているので、次のように言い換えることも可能である。

僕は最後のバスに乗りおくれたので、しょうがなく橘寺をうしろにして一人でてくてく歩きだしました。

　このように見てみると、日本語では「連体修飾語＋主語＋述語」のように、主語の前にある連体修飾語のスロットに情報を埋め込むことによって、文をすっきりした形にまとめていることがわかる。逆に、連体修飾語構造を使い過ぎると、短い中に情報過多になりすぎることがあるので、注意が必要である。
　さらに、日本語では次のような連体修飾語の使い方もある。

　　子どもがいたずらした。怒った親は子供を叱った。
　（増田真理子「〈談話展開型連体節〉─「怒った親はこどもをしかった」という言い方─」）

　この例では、「子どもがいたずらした → 怒った → 親 → 叱る」という情報の構造をしている。「怒った」は、新情報ではあるが、そのまえの「子どもがいたずらした」の帰結として十分予測できるものではある。このように、日本語では連体修飾語で話を展開させることも可能で、増田は談話展開型連体節と呼んでいる。日本語学習者は、このような文を作るのは得意ではなく、「子どもがいたずらした。それで親が怒った。そして、親が子供を叱った」のような叙述をしがちであるという。
　修飾語には通常、背景的な情報が来る。日本語でもそれは変わらないが、特に主語の前にくる連体修飾語の場合、それほど背景的ではない情報が埋め込まれることがしばしばあるのである。
　今見たような「対比・逆接」の例や、「原因・理由」の例は、そのま

ま中国語に翻訳することができない。背景化の度合いが低い情報は、
連体修飾語にすることができないのである。

　次のように、文脈上すでに言われている旧情報など、背景的な情報
は中国語でも連体修飾語にすることが可能である（例文は孫海英《汉日动
词谓语类非限制性定语从句对比研究》）。

　　昨天我受到了许多生日礼物，有的朋友送我相册，有的朋友送
　　我巧克力。今天送我巧克力的那个朋友来我家做客了。
　　昨日私は友達から誕生日のプレゼントをたくさんもらった。アルバ
　　ムをくれた人もいるし、チョコレートをくれた人もいる。今日、チョ
　　コレートをくれた友達が家へ遊びに来た。

　もちろん、日本語的な連体修飾語の使用法がまったくないわけでは
ない。おそらく日本語の影響を受けて、そのような表現も存在している
ことはしている。一例を参考として挙げておこう。

　　……在黑暗裡每一種生物都保持著警覺，每一種生物都是獵者
　　也是獵物。後半夜已經陷入深沉疲累的他坐在一棵巨檜前，
　　暗闇の中では、どの生物も感覚を研ぎ澄ましている。どの生物も
　　狩人であり、獲物である。深夜、すでに深い疲労に陥っていた彼
　　は、一本の大きな檜の前に座り、（呉明益《苦雨之地》）

　この連体修飾語などは、増田の言う「談話展開型連体節」と呼ん
でもいいだろう。このように、中国語でも日本語のような連体節がない
わけではないが、それほど頻繁に使用されるわけではない。

◈ 読書案内

　日中の連体修飾節については、すでにあげた益岡隆志「連体節の表現と主名詞の主題性」(『日本語の主題と取り立て』くろしお出版、1995年)、増田真理子「〈談話展開型連体節〉—「怒った親はこどもをしかった」という言い方—」(『日本語教育』109号、日本語教育学会、2001年) ほか、楊凱栄「日中連体修飾節の対照研究」『中国語学・日中対照論考』(白帝社、2018年) を参照。

◈ 連体修飾ではなく連続構造を使う

　中国語は SVO を基本語順とするにもかかわらず、修飾語が必ず前から後ろにかかるという、極めてまれな言語である。しかし、実際には連体修飾語構造を使うのではなく、後ろに節を連続させる形で同様の意味を表すことも多い。次のような節の連続を見てみよう (用例は Li & Thompson, *Mandarin Chinese : a functional reference grammar*, pp.611-618)。

　他碰到了一个外国人，会说中国话。
　Tā pèngdàole yí ge wàiguórén, huì shuō Zhōngguóhuà.
　(彼はある外国人にあったが、中国語が話せた。)

　我打破了一个茶杯，很值钱。Wǒ dǎpòle yí ge chábēi, hěn zhíqián.
　(私は茶碗をひとつ壊したが、(それは) 値の張るものだった。)

　一つ目は「彼はある外国人にあった」と述べて、その外国人が「中国語を話せた」という内容を後続させている。二つ目は「茶碗を壊し

た」と述べたうえで、その茶碗の説明「値の張るものだった」が続いている。つまり、どちらも一つ目の節の目的語に出てくる名詞の説明を、次の節で行っているのだ。

これらの後半は、前半の名詞の説明を行っているものだから、次のように連体修飾語に変換することが可能である。

他碰到了一个会说中国话的外国人。
（彼はある中国語を話せる外国人にあった。）
我打破了一个很值钱的茶杯。
（私は値の張る茶碗を壊した。）

"我打破了一个茶杯，很值钱。"と、"我打破了一个很值钱的茶杯。"は、似た意味であるが、若干ニュアンスが異なることがある。前者は、茶碗を壊すことが先にあって、その後に値段が高いことに気づく意味が出ることがあるのに対して、後者は「高価な茶碗」を壊すのである。

後者のように、修飾語になっているものを一般に「埋め込み構造」と呼ぶ。一方、前者のように、節を連続させる形で情報を付加していくものを「連続構造」と呼ぼう。中国語では埋め込み構造ではなく、後ろに連続する節が実質的に前に出てくる名詞や動詞を説明していることがよくある。次のような例を見てみよう。

于是立起一个瘦瘦的小姑娘，头发黄黄的，有些害怕地说：
そこでやせ細った女の子が立ち上がった、髪の毛は黄色い、おずおずと言った。（阿城《孩子王》）

この例では、"一个瘦瘦的小姑娘"の部分を見ると、"一个瘦瘦的
（やせ細った）"が、"小姑娘（女の子）"の前に置かれているから、連体
修飾語である。一方、次に出てくる"头发黄黄的（髪の毛が黄色い）"も、
「女の子」の描写なので、論理的に言えば「髪の毛の黄色いやせ細っ
た女の子」のように、連体修飾語にすることも可能なはずだ。しかし、
修飾語を長くするのではなく、後ろに続ける形に変換しているのである。
その上で、次の節では"有些害怕地说（おずおずと言った）"と、その女
の子の行為を続けている。

　埋め込み構造と連続構造を対比してみよう。

　　一个胖呼呼的、留着拉碴胡子、长着一双雀爪般的手的吉卜赛
　　人，自称叫墨尔基阿德斯，他把那玩意儿说成是马其顿的炼金
　　术士们创造的第八奇迹，并当众做了一次惊人的表演。（黄锦炎
　　译）
　　一个身形肥大的吉卜赛人，胡须蓬乱，手如雀爪，自称梅儿基
　　亚德斯，当众进行了一场可惊可怖的展示，号称是出自马其顿
　　诸位炼金大师之手的第八大奇迹。（范晔译）
　　手が雀の足のようにほっそりした髭っつらの大男で、メルキアデス
　　を名のるジプシーが、その言葉を信じるならば、マケドニアの発
　　明な錬金術師の手になる世にも不思議なしろものを、実に荒っぽ
　　いやりくちで披露した。（鼓直訳）

　ガルシア＝マルケスの小説『百年の孤独』の同一個所の翻訳を中
国語で二つ、日本語訳を一つ並べてみた。黄錦炎による中国語訳では、
"一个胖呼呼的、留着拉碴胡子、长着一双雀爪般的手的"が"吉

卜賽人"にかかる連体修飾語にしている。つまり、「一人の太った、長いひげを蓄えた、スズメのような手をした」という情報を「ジプシー」の修飾語にしているのである。一方、"自称叫墨尔基阿德斯（メルキアデスと名のった）"は、独立した節として連続している。

范曄訳では、"一个身形肥大的吉卜賽人，胡须蓬乱，手如雀爪，自称梅儿基亚德斯"となっているから、「一人の太った」の部分のみ連体修飾語にし、その後に「髭が長くのび、手はスズメのようで、メルキアデスと名のる」という情報を連続的に付加している。一方の日本語訳は「手が雀の足のようにほっそりした髭っつらの大男で、メルキアデスを名のるジプシーが」と、「メルキアデスと名のる」の部分までを含めてすべて連体修飾語にしていることが見て取れる。

もう1例、日本語からの翻訳で見てみよう。

　　不吉な予言を準備しながらほくそ笑んでいる、年期を経た魔法使いとしか見えない。（村上春樹『IQ84』）
　　怎么看都像个久经磨炼的魔法师，一边准备了不详的预言一边暗中高兴。（施小炜译）

日本語原文は「不吉な予言を準備しながらほくそ笑んでいる、年期を経た」が「魔法使い」にかかる連体修飾語構造になっているが、中国語訳ではまず、"怎么看都像个久经磨炼的魔法师"と「年季を経た魔法使いとしか見えない」と述べておいてから、「不吉な予言を準備しながらほくそ笑んでいる」の部分を"一边准备了不详的预言一边暗中高兴。"と後ろに連続させている。

このように、中国語の書き言葉では、動詞句、名詞句、形容詞句な

どが、比較的独立した形で連続的に付加されていくことが多く、さなが
ら後置修飾のように機能している。中国語は元来、長い連用修飾語、
連体修飾語を置くのを好まない言語であり、長い修飾語を置く構造は
20世紀以降に外国語の影響を受けたものであるとされる（謝耀基《現代
漢語歐化語法概論》、贺阳《现代汉语欧化语法现象研究》など。外国語の影響を
受けた文法を「欧化語法」と呼ぶが、陳力衛『近代知の翻訳と伝播　漢語を媒介
に』は、実際にはヨーロッパの言語ではなく、日本語からの翻訳が大きく作用している
と論じている）。

　修飾構造を考える際、連体修飾語のみを考えるのではなく、こうした
「連続」の構造にも目を向ける必要があるだろう。また、日本人として
は中国語で作文する際に、連体修飾語を避ける構造も意識したいところ
ろである。

◈**読書案内**
　本書の「連続構造」の概念は、Givón, T（1997）*Grammatical
Relations : a functionalist perspective*, John Benjamins Publishing
company, p.55の言うserializationを敷衍したものである。
Givónは、文法的複雑さを得る手段として、「埋め込み」と
「連続」の2種類があるとする。「埋め込み」とは連体修飾・
連用修飾構造や、関係節などの従属節構造を使うものであり、
「連続」構造とは比較的独立した形で節が並列されていくも
のである。中国語は「連続」の形を用いることが多い言語で
あると言えよう。

◆ 連体 "的" の使用率の変遷

　中国語も、古典漢語（文言文）では、長い連体修飾語はほとんど使われていない。とすれば、SVO 言語では長い前置修飾語は使われないという世界の言語の傾向にもともとは沿っていたともいえる。現代語では "的" を使った連体修飾語がしばしば長く複雑になることがあるが、五四時期（1919 年ころから）から特に多くなった。この時期以降に使用傾向が変化するのは、外国語の翻訳も作用していると思われるが、実際のところどうなのだろうか。

　まず、簡単に連体修飾語に使われる "的" の使用量から見てみよう（なお、以下の数値は "我的書" のような極めて単純な構造から比較的複雑な節になっているものまで、大雑把に観察したものである）。

　元代刊行の『三国志平話』では、連体 "的" はすでに登場しているものの、数は非常に少ない。『三国志平話』上は 22000 字程度あるが、わずか 11 例、割合にして 0.05 パーセントである。口頭語として "的" はもう使われていたのだろうが、少なくとも書き言葉としてはまだそれほど使用されていないことがわかる。

　『水滸伝』『金瓶梅』『紅楼夢』での使用数は、『三国志平話』よりはるかに多く、この三者の間ではそれほど大きな違いがない（『三国志演義』は文言文に近いので、ごくわずかしか使われていない）。概ね全文字数のうち、0.5 〜 0.7 パーセントほどが連体修飾の "的" である。清末小説の『老残遊記』や、『官場現形記』になると、"的" の使用がやや増えて、1.5 パーセント前後になる。

　これが五四時期以降の小説になると激増し、魯迅では 2.5 パーセント前後も使われている。郁達夫の『沈淪』など、多すぎてカウントが難しい。第 1 節の約 1900 字だけを見ても、使用率はおよそ 4.8 パーセン

トにも上る。

　単純に使用量の観点から見ても、歴史的に連体修飾 "的" が徐々に使用を拡大していき、五四時期以降に爆発的に増えたことがわかるだろう。そこで本章ではまず、『水滸伝』『紅楼夢』に見られる "的" を使った連体修飾構造と五四時期のそれを比較してみよう。

◈ 『水滸伝』『紅楼夢』中の連体修飾と "的"

　『水滸伝』や『紅楼夢』などで見られる "的" を使用した連体修飾構造は、ごく単純なものがほとんどであり、少し長いものでも4〜5文字程度である。

　比較的長くなっているものを見てみると、圧倒的に多い構造は、次に見られるように "A 是 B 的 C" の形をしているものであった。そのうち2例のみ挙げよう。

　　拖扯的不是別人，卻是<u>渭州酒樓上救了的金老</u>。
　　引き留めたのは他でもなく、<u>渭州の酒楼で救った金老</u>であった。
　　（『水滸伝』第4回）
　　卻是<u>江湖上使槍棒賣藥的教頭打虎將李忠</u>。
　　<u>江湖で槍や棒を使い薬を売っていた教頭の打虎将李忠</u>であった。
　　（『水滸伝』第5回）

　"<u>渭州酒樓上救了的</u>金老" では、連体節が「場所＋場所＋動詞句」となっていて、アスペクト助詞 "了" をも言っている。"<u>江湖上使槍棒賣藥的</u>" も、場所の後に VOVO となっていて、やや長い。現代語の連体節に比べれば特に複雑でも長くもないが、『水滸伝』では長い

部類である。

　『水滸伝』『紅楼夢』前半20回分を見た限り、例外的に長いのは次の例くらいで、35文字もある。

> 空空道人乃從頭一看，原來就是無材補天，幻形入世，蒙茫茫大士，渺渺真人攜入紅塵，歴盡離合悲歡炎涼世態的一段故事。空空道人が頭から読んでみると、補天には役に立たず、形を変えてこの世に入り、茫茫大士と渺渺真人に浮世に連れていかれ、ひとしきり離合の悲しみと喜び、世態の移り変わりを味わった物語であった。（『紅楼夢』第1回）

　"是"が使われるのは「Aは〜である」と、名詞句を述語にする文だから、その「〜」の説明が長くなるケースでは、19世紀以前の文でも連体節がときとして長くなっているのである。本稿では詳しく述べないが、『水滸伝』や『紅楼夢』の連体節内部を見ると、いちおう介詞句が入っていたり、アスペクト助詞がついていたり、受け身の"被"が使われていたりしており、原理的にはあらゆるタイプの文を連体節にすることがすでに可能になっているようである（ただし、少ない）。原理的には可能になっていたため、五四時期に外国語の影響を受けるなどして、中国語の表現を拡張しようとしたときに、スムーズにそれができたのであろう。

◈ **五四時期の連体修飾と "的"**

　五四時期を代表する作家、魯迅の『吶喊』から、連体修飾語の用例を簡単に見てみよう。

この時期の中国語を見ていると、すぐに気がつくのは、連体修飾節内部に"的"が複数使われる構造が多く見られる点である。そしてこの点が、"的"の使用量を大幅に増加させていると考えられる。

　五四時期は、現在の標準的な書き言葉に比べても"的"の多用が目立つ。翻訳文体の影響などで増えたものの、のちに過剰だと認識されるようになったのだろう。

◎　"的"が多重にかかる例
　　他买来便放在他窗外的院子中央的小池里。
　　彼は買ってくると、彼の窓の外の庭の中央の小池に入れた。
　　(《鸭的喜剧》)
　　他又常常喜欢拉上中国将来的命运之类的问题,
　　彼はまた、中国の将来の運命の類の問題を引っ張り出すのをしばしば好んだ。(《端午节》)

　日本語に直訳すると「彼の窓の外の庭の中央の小池」「中国の将来の運命の類の問題」のように、「の」が多重に用いられるような構造が一見して非常に多いのである。

　　村外多是水田, 满眼是新秧的嫩绿, 夹着几个圆形的活动的黑点, 便是耕田的农夫。
　　村の外は水田で、目の前には新しい苗のもえぎ色が広がり、その中にいくつかの丸い動く黒い点が混ざっているが、それは田を耕す農夫である。(《阿Q正传》)

但也竖直了<u>小小的通红的长</u>耳朵。

しかし<u>小さく真っ赤な長い</u>耳をピンと立てていた。(《兔和猫》)

　　この2例の下線部は「いくつかの円形で活動的な黒点」「小さくて真っ赤な耳」と日本語に直訳できる。一つ目の例は被修飾語の「黒い点」の特徴を「いくつかの円形」「活動的」と、二つの形容を並列させることで表している。二つ目も「小さく」「真っ赤」がそれぞれ「耳」を形容している。特に長いわけではないが、それぞれ“的”が連用されていることがわかる。こういう構造は『紅楼夢』にも全くないというわけではないのだが、ごくまれである。日本語に直訳しやすいところから考えて、日本語の影響を受けている可能性もおおいにあり得るだろう。

　　五四時期の翻訳小説で連体修飾節が長くなっている例、および“的”が連用されている例を二つ挙げておく。

加藤武雄著「郷愁」周作人訳（『小説月報』12巻1号、1921年）

芳姑儿的家里，来了一个三十五六岁的，和芳姑儿的父亲仿佛同年纪的乳母，替代母亲的事情。这乳母是<u>一个颧骨突出，口边宽懈，讲话也很散漫的下品的</u>女人。

よツこちゃんの許へは、<u>三十五六位の、丁度よツこちゃんの阿父様と同年位の</u>、婆やさんが来て、万事、阿母さんの代りをする事になった。<u>颧骨の出た、口もとにしまりのない、而して物言ひなどもだらけた下品な</u>女であった。

ゴーリキー「木筏之上」鄭振鐸訳（『小説月報』12巻2号、1921年）

……<u>騒乱那徐徐流注于海的沉笨的水団</u>及<u>那幽暗的緊迫的挂在空中不動的云塊的隠藏的沉思的</u>静黙。

……<u>あのゆっくりと海に注ぐ重苦しい水</u>、および<u>あの薄暗い脅迫するような空にかかって動かない隠された沈思の</u>沈黙を騒がせたかった。

　一つ目は周作人（魯迅の弟で日本語・日本文学にも詳しい）による加藤武雄「郷愁」の翻訳である。この時期の翻訳小説がどれも長い連体修飾節を持っているかというとそれほどでもないが、一定の作品には集中して見られる。この「郷愁」はそのうちのひとつで、長い連体修飾と"的"の連用が頻繁に観察される。

　次に挙げたのは鄭振鐸によるゴーリキーの「筏の上」の例である。下線部が連体修飾節であるが、後半など、"那幽暗的緊迫的挂在空中不動的云塊的隠藏的沉思的静黙"と、"的"がなんと6回も使用され、最後の"静黙"を修飾する構造になっている。

◎人称代名詞

　人称代名詞に連体修飾語がつく構造は、五四時期以降に使われるようになったと言われる。現在でも日本語に比べればそれほど頻繁に使われるわけではない。1例のみ挙げておく。

　<u>有了四千年吃人履历</u>的我，当初虽然不知道，现在明白，难见真的人！

　<u>四千年間人を食べてきた履歴を持つ</u>私、最初は知らなかったとは

いえ、今やわかったのだから、本当の人に顔向けできない。
（《狂人日记》）

　五四時期以前にまったくなかったというわけではない（太田辰夫『中国語歴史文法』）ようだが、ほとんどなかったのは確かだし、そもそも主語に連体修飾語がつく構造自体がそれほど多くなかった。

◎その他
　その他、『水滸伝』や『紅楼夢』にはあまり見かけないような連体修飾の例を参考として列挙しておく。

　这时候，他忽而又记起被金永生支使出来以后的事了。
　このときふと、金永生に追い払われた後のことを思い出した。
　（《端午节》）

　我冒了严寒，回到相隔二千余里，别了二十余年的故乡去。
　私は厳しい寒さのなかを、二千里も隔て、二十年あまりにもわたって離れていた故郷に向かって帰って行った。（《故乡》）

　孔乙己是站着喝酒而穿长衫的唯一的人。
　孔乙己は立って酒を飲み、長衣を着ている唯一の人だった。
　（《孔乙己》）

　那豆腐西施的杨二嫂，自从我家收拾行李以来，本是每日必到的。

その豆腐西施たる楊おばさんは、我が家が荷物を片付けて以来、
毎日必ず来ていた。(《故乡》)

　SVO 言語であるにもかかわらず、連体修飾語が前から後ろにかかる
構造になっているのは、モンゴル語や満洲語をはじめとする周辺言語
の影響だとする考え方もある。周辺言語の影響の可能性が証明できる
わけではないが、長い連体修飾語はもともとあまり使われていなかった
ところから、徐々に使われるようになったのは確かである。とはいえ、中
国語は連体修飾語構造以外にも、本章で連続構造としたような、別の
方法で複雑な観念を表す仕方も発展している。次章ではそのあたりも
含めて見ていこう。

◈ **読書案内**

　　中国語が周辺の言語との接触によって出来上がっていると
する考えを述べたものとして、橋本萬太郎『言語類型地理
論』(弘文堂、1978年) がつとに著名である。松本克己『世界
言語のなかの日本語——日本語系統論の新たな地平』(三省
堂、2007年) は、橋本萬太郎の言語類型地理論をさらに推し
進めたもので、日本語が中心ではあるが、中国語に関する記
述もある。どこまで妥当なのかはよくわからないが、非常に面
白い。

［参考文献］

太田辰夫 (2013)『中国語歴史文法』新装版、朋友書店

小野秀樹 (2013)「中国語における連体修飾句の意味機能」『木村英樹教授還暦
　　記念　中国語文法論叢』白帝社

陳力衛 (2019)『近代知の翻訳と伝播　漢語を媒介に』三省堂

益岡隆志 (1995)「連体節の表現と主名詞の主題性」『日本語の主題と取り立て』く
　　ろしお出版

増田真理子 (2001)「〈談話展開型連体節〉―「怒った親はこどもをしかった」という
　　言い方―」『日本語教育』109号、日本語教育学会

楊凱栄 (2018)『中国語学・日中対照論考』白帝社

贺阳 (2008)《现代汉语欧化语法现象研究》商务印书馆

孙海英 (2009)《汉日动词谓语类非限制性定语从句对比研究》黑龙江人民出版
　　社 (本文は日本語)

謝耀基 (1990)《現代漢語歐化語法概論》光明圖書公司

Li, C & Thompson, S (1981) *Mandarin Chinese : a functional reference grammar*,
　　University of California Press.

第九章

中国語の「一つの文」と「流水文」

中国語を翻訳しようと思うと、中国語の「一つの文」をそのまま日本語に翻訳できないことが頻繁にあることに気がつくだろう。

> 你坐的是长途公共汽车，那破旧的车子，城市里淘汰下来的，在保养的极差的山区公路上，路面到处坑坑洼洼，从早起颠簸了十二个小时，来到这座南方山区的小县城。
>
> おまえが乗ったのは長距離バス、その古い車体は、都市では使わなくなったもので、補修されていない山の道は、あちらこちらでこぼこで、朝はやくから十二時間揺られ、この南方の山間の県城についた。（高行健《灵山》）

　高行健『霊山』冒頭の文である。上に示した通り、無理に訳せないことはないものの、日本語としてはこなれた感じがしない。出版されている飯塚容訳は以下のようになっている。

> おまえが乗ったのは長距離バスだった。都会でお払い箱になったポンコツ車が、補修の行き届いていない山道を走る。路面はデコボコだらけ。朝から十二時間揺られ続けて、ようやくこの南方の山間の県城に着いた。

　この翻訳では「四つの文」になっている。中国語の文章を句読点の通りに訳すことができないのは、日本語と中国語ではどのような単位を「一つの文」とするのか、その習慣が異なっているからである。本章では、中国語書き言葉、とりわけ小説の「一つの文」の作り方の規範を見ることによって、どのように節が連なっていくのか、その複合のさせ

方を見ていこう。

◈ 中国語書き言葉の「長い文」

　一般に、主語と述語が一つずつのような単純な文は、単文と呼ばれ、単文が複数連なるような文は、複文と呼ばれる。中国語の「複文」といえば、学習段階で目にするのは "如果〜就（もし〜なら〜だ）" "虽然〜但是（〜とはいえ、〜だ）" "因为〜所以（〜なので〜だ）" のように、論理的な関係がはっきり示されるものが多い。

　だが、実際の例では、読点でつながっている節の間の論理的な関係がはっきりしないものがたくさんある。先に引用した『霊山』の例もそうであるが、次に中国語で書く作家として2人目のノーベル文学賞受賞者、莫言の代表作『赤い高粱』から例を見てみよう。

　　　他的坟头上已经枯草瑟瑟，曾经有一个光屁股的男孩牵着一只雪白的山羊来到这里，山羊不紧不忙地啃着坟头上的草，男孩子站在墓碑上，怒气冲冲地撒上一泡尿，然后放声高唱：
　　　彼の墓ではすでに枯れ草が音をたて、かつて尻を丸出しにした男の子が一頭のまっ白な山羊を引いてここにやってきて、山羊はゆっくりと墓の上の草を食べ、男の子は墓碑の上に立ち、怒りにまかせて放尿し、それから声をはりあげて歌った。

　この例の、節と節の関係はどのようになっているだろうか。論理的関係から分析すると、「並列」ということになるだろうが、それだと中国語の長い文は「並列」だらけになってしまう。また、句読点の付け方は必ずこうでなければいけないということはない。"他的坟头上已经枯草

瑟瑟"のところで句点をつけて一度終わらせることもできるし、二つ目の節のところで終わりにすることも可能である。

　実のところ、中国語の文章から句読点をすべて取り去って、中国人に句読点をつけてもらうと、必ずしも一定にならない。そうなる理由は一つには、日本語の連用形と終止形のような、終わる形と続く形の対立がないことにあるが、どうもそれだけではない。

　呂叔湘《汉语语法分析问题》）は、次のように述べる。

　　（中国語では）一つの節に次の節が続くが、多くのところではそこで
　　終わりにしてもいいし、続けてもいい。

　呂は、中国語のこのような特徴を「流水文」と命名した。だが、呂も「流水文」について厳密な定義をしているわけではなく、軽く触れているだけであり、「流水文」という名称も印象でつけているようである（とはいえ、次章で詳しく紹介する通り確かに「流れる水のよう」に感じられる）。

　中国語の節はどのように連鎖し、「一つの文」を形成しているのだろうか。「流水文」と呼ばれたような文を中心に見ていこう。

◈ **時間軸に沿って継起的に起こる出来事**

　まずは、これらの「一つの文」から、どういう節の並びになっているか、観察してみよう。

　　我走到黑板前的桌子后面，放下教具，慢慢抬起头，看学生们。
　　ぼくは黒板の前の教卓のところへ行って、授業用道具を置き、
　　ゆっくり顔を上げ、学生たちを見た。（阿城《孩子王》）

余司令从前边回来，蹲下，捏着王文义的脖子，压低嗓门说：

余司令が前方からもどってきて、かがみこみ、王文義の頸をつか
み、声を殺して言った。（莫言《红高粱家族》）

一つ目の例文では、語り手の「ぼく」が行う連続した行動が細かく
描写されている。次の例も同様で、余司令の行動が時間軸に沿って
一つずつ描かれている。本書ですでに見た通り、中国語は動詞句が
連続して使われることが頻繁にある言語であった。

日本語訳は中国語の句読点の通りに直訳したものだが、この日本語
も、文法的には不自然ではない。しかし、日本語としては平板に感じら
れる。最初から日本語で書かれた小説ではここまで動作を事細かく並
列していく形式はそう簡単に見つけ出すことはできないだろう。日本語と
して文法にはかなってはいるものの、修辞的に「いい文章」とはみな
されないのである。同じ意味を表すにしても、前章で論じたような連体
修飾語構造を使って以下のようにすると、すっきりする。

黒板の前の教卓のところで授業用道具を置いたぼくは、ゆっくり
顔を上げて学生たちを見た。

前半の動作「黒板の前の教卓のところへ行って、授業用道具を置
き、」を連体修飾語に変えて「黒板の前の教卓のところで授業用道具
を置いたぼくは」とした。さらに「教卓のところへ行って」と最初の動
作を「教卓のところで」と、修飾語に変えている。また、後半の「ゆっ
くり顔を上げ、学生たちを見た」を「ゆっくり顔を上げて学生たちを見
た」に変換している。こうすると、「顔を上げ」の部分が「学生たちを

見た」に従属する形になるので、上下関係ができ、平板ではなくなる。日本語では人物の行動が細かく並列的に叙述される文は多くない。そのような書き言葉の習慣がないのである。

　一方、中国語ではこのように動作を時間軸に沿って連続で並べていく叙述方式は極めて自然であり、小説を開けばすぐに見つけることができる。このように、中国語では節があまり上下関係を作らずに、並列的に並べられていく。この点が「流水文」を解くポイントである。

　前章ですでに見た通り、中国語では複雑な情報を表す際に、「埋め込み」ではなく、「連続」の構造を取る。節の連なりが比較的長くなったものが主に「流水文」と呼ばれているが、実際にはどの程度長くなればそう呼んでよいのかはあいまいである。実際には二つの節だけからなるものもあれば、三つの節からなるものもあるし、さらに多くの節が連なる場合もあり、連続的である。私は文法としては「流水文」ではなく、「節連鎖」、あるいは「連続構造」と呼ぶほうがよいと思うが、ここでは先行研究の名称に従って話を進めていくことにする。

　さて、節が並列されるといっても、ランダムに並列されるわけではもちろんない。どのように節が連鎖していくのだろうか。

◎主語が何度も変わる例
　先に見た例はまだ主語が同じだったので、日本語にも直訳することができた。次のような例になると、相当難しくなる。

　　老陈似无所见似无所闻，只在前面走，两个学生追打到他跟前，
　　他出乎意料地灵巧，一闪身就过了，跑在前面的那个学生反倒
　　一跤跌翻在地，后面的学生骑上去，两个人扭在一起，叫叫嚷

嚷，裤子脱下一截。

陳さんは何も見えも聞こえもしなかったかのように、前を歩き、二人の生徒がそのそばまで追いかけてきたが、彼は驚くべき器用さをみせ、さっとかわし、前を走っていた生徒はひっくりかえり、後ろの学生がそれに乗っかり、二人がとっくみあって、大騒ぎをし、ズボンもずり落ちていた。（阿城《孩子王》）

　この例では、主語が目まぐるしく変わっている。"老陈（陳さん）"を主語とする行動が語られたかと思うと、途中から"两个学生"を主語とする行動に切り替わり、また主語が「陳さん」に変わったかと思うと、「前を走っていた生徒」が主語になり、さらには「後ろの学生」が主語になった行動が描かれている。なぜ、こんな単位が「一つの文」になってしまうのか。しかも、これは中国語の文章ではごく普通なのだ。日本語でもできなくはないが、非常に読みにくい。

　最初にあげた二つと、この例は原理的には共通で、いずれも、時間軸に沿って継起的に起こる出来事である。出来事が、起こる順番に、一コマずつ描かれている。そしてその一つの連続する行動が「一つの文」になっている。つまり、読点でつながっている基準は「主語＋述語」ではなく、時間軸である。「一続きの動き」であれば、主語が変わろうが、「一つの文」にしてしまうことが可能なのだ。

　だが、「一続きの動き」という言い方は恣意的である。時間は連続的なものだから、動作も連続的に流れている。そこで、「流水文」に関する最初の疑問「読点でつなげても、句点でつなげてもいい場合が多い」「中国人に句読点をつけさせるとバラバラになることが少なくない」を思い出そう。このような時間軸に沿って継起的に起こる出来事が書

かれている場合、任意のところで句点を打って区切ることが可能なのである。

　任意の場所で切れるのは、まさしく並列的に並んでいるからで、節の間に上下関係を結んでいないからである。そこで書き手は、「ここからここまでを一続き」というのを、任意に（恣意的に）設定可能なのである。先ほどの例も、細かく切ろうと思えば細かく切っても構わない。

　もちろん、任意のところで切れるというのは、形式の話であって、修辞的には異なる。読点、句点は単なる記号ではなく、読み方を指定するものである。時間的な流れを句点で区切るということは、そこまでを「一つのまとまり」として読者に差し出すことだ。おおむね、細かく切って差し出した方が、次々に新しい出来事が起こっている感じがして、臨場感や緊迫感が生まれやすい。

　では、この主語が転々と変わる例を、日本語らしい日本語にするとどうなるだろう。途中まで書きかえて見る。

　　陳さんは何も見えも聞こえもしなかったかのように、前を歩いていると、二人の生徒がそのそばまで追いかけてきた。しかし彼は驚くべき器用さをみせて、さっとかわしたため、前を走っていた生徒はひっくりかえった。

　この翻訳では、単に文を途中で切っているだけではない処理をしている。単純な並列ではない形に変換しているのだ。例えば「陳さんは何も見えも聞こえなかったかのように、前を歩いていると、二人の生徒がそのそばまで追いかけてきた。」では、接続の形式を「〜していると、」にしている。このように、「〜と」を使うと、そこまでが前件、そこか

ら先が後件となり、上下関係ができてメリハリができる。その先も「さっとかわしたため」と「ため」を使うことによって、そこまでが原因を表す従属節になっている。つまり日本語書き言葉では原則的に「Aすると、Bした」「Aだが、Bした」「Aなので、Bした」など、大きく見て「前件＋後件」の構造を作り上げなければならない（もちろん、AとBの内部構造はそれぞれ複雑にすることが可能ではある）。主語は普通、一度しか切り替えない。

　もう1例挙げよう。

　　父亲应声弹起，与罗汉大爷抢过去，每人抓住一面早就铺在地
　　上的密眼罗网的两角，把一块螃蟹抬起来，露出了螃蟹下的河
　　滩涂地。
　　父ははね起きて、羅漢大爺にまけじとかけより、各人が地面に広
　　げておいた細い目の網の両端をつかみ、蟹どもを持ち上げ、その
　　下に隠れていた干潟の地面が姿を見せた。（莫言《红高粱家族》）

　原文は、「父の行動 → 羅漢大爺の行動 → 二人の行動 → 地面が姿を見せるという状態の変化」と続いている。主語はどんどん変わっているし、最後の節は二人の行動によって引き起こされる状態の変化である。だが、時間軸に沿って連続で起こっていることがただ順番に並んでいる点は、これまで見た例と同様である。日本語訳は、直訳で無理やり訳せないことはないものの、読みにくい。日本語訳版は次のように翻訳している。

　　父ははね起きて、羅漢大爺にまけじとかけより、それぞれ地面に広

げておいた細い目の網の両端をつかんだ。蟹どもを持ち上げると、その下に隠れていた干潟の地面が姿をみせた。

　主語の切り替えは、一つの文で原則1回にしている。1回なら「前件＋後件」の構造と理解しやすい。また、後半は「蟹どもを持ち上げると、」と「と」を使って接続することによって、前半と後半にメリハリをつけている。
　次のような例ではどうだろうか。

　　她坐的黄包車已经到了她从小长大的棚户区，许多孩子在媒碴
　　路上追逐嬉闹，空中挂满了滴着水的衣服和尿布，她又闻到了
　　熟悉的贫穷肮脏的酸臭味。
　　彼女が乗った人力車はすでに彼女が小さいときから育ったバラック街に到着した、たくさんの子供が石炭ガラがまかれた路上でキャッキャいいながら走り回っていて、外には水を滴らせた服とおむつが所狭しとかかっており、彼女はそこで貧困の汚さから生ずる嗅ぎ慣れたツーンとした臭いを嗅いだ。(苏童《红粉》)

　最初の読点までは、「彼女がバラック街に到着した」ことが表されている。すると二つ目の節（ここでは読点から読点までを便宜的に「節」とする）と三つ目の節では、その到着した先の描写「たくさんの子供が石炭ガラがまかれた路上でキャッキャいいながら走り回っていて、外には水を滴らせた服とおむつが所狭しとかかっており」がある。そして最後の節"她又闻到了熟悉的贫穷肮脏的酸臭味。(彼女はそこで貧困の汚さから生ずる嗅ぎ慣れたツーンとした臭いを嗅いだ。)"は、その描写が原因となって誘

発される「彼女が匂いを嗅いだこと」へと展開している。

　つまり、「「彼女」を主語とする動詞句 → その動作によって到着した先の描写 → その描写が原因となっておこる「彼女」を主語とする動詞句」までが「一つの文」になっていることがわかる。到着先の描写は状態性の叙述であるが、移動という時間的展開を持った出来事の次に配置されることによって、時間的にその移動の次の描写として組み込まれている。つまり、状態性の叙述も時間軸上に組み込まれることによって時間性を獲得するのである。

　やはり、時間的展開のある出来事の叙述では、時間軸が「一つの文」を作るのにあたって、重要な役割を果たしているのだ。また、もう一点、中国語では「原因 → 結果」と読み取れる場合、関連性が強いと思われるので、読点でつなぐのが原則だ、という点を抑えておきたい。ここではバラックの描写が次の「貧困の汚さから生じる臭いを嗅ぐ」ことにつながるので、読点になる。

◈ 性質・状態を表す連続構造

　中国語では節が並列的に並んでいくことが多いことを見てきている。次に、性質・状態の説明や描写を行う場合の節の連鎖を見てみよう。まず、人物の説明と場面描写の例を一つずつ見る。

　　据她观察，破鞋都很善良，乐于助人，而且最不乐意让人失望。
　　彼女の観察によると、ふしだらな女は皆善良で、喜んで人助けするし、人に失望されるのを最も好まない。（王小波《黄金时代》）

　　舞厅酒吧已经像枯叶一样消失了，入夜的城市冷冷清清，店铺

稀疏残缺的霓虹灯下，有一些身份不明者蜷缩在被窝里露宿街头。

ダンスホールやバーはすでに枯れ葉のように消えており、夜になった都会はひっそりとし、店舗のまばらで不揃いなネオンの下、数名の浮浪者が身を縮めて街頭で野宿していた。(苏童《红粉》)

　このように、一人の人の描写・説明や、ある場面の描写・説明は原則として読点でつないで「一つの文」にすることが多い。一つ目の例では、二つ目の節に出てくる"破鞋（ふしだらな女）"に対して、"善良（善良だ）""乐于助人（喜んで人助けをする）""而且最不乐意让人失望（人に失望されるのを最も好まない）"と説明が続く。次の例は空間描写の例で、「ダンスホールやバー→ 夜になった都会 → 店舗のネオン → 数名の浮浪者」と、描写が展開している。映画や絵画であれば、空間を同時に提示できるが、文章で書く場合にはそういうわけにはいかない。順番に言語化していくしかない。順番に言語化してはいるけれども、「一つの文」にすることによって、「一つの空間」であることを表しうる。

　ところで、上記の日本語は例によって中国語の句読点通りに直訳したものだが、比較的自然である。時間軸に沿って継起的に起こる出来事の場合、主語が何度も切り替わる文を「一つの文」にすることは難しかった。しかし空間描写の例では、主語が何度も切り替わっているにもかかわらず、特におかしな感じはしない。ということは日本語でも、空間の描写の場合には、存在するものを並列的に並べても特に問題ないということである。

　では、その描写はどのような順番で行われているだろうか。時間軸に沿って起こる出来事の叙述は時間軸に沿って並べていけばいいが、同

一平面ではそうはいかない。先ほどの例では、最初の「ダンスホールやバーが消えたこと」は次の「夜になった都会がひっそりしていること」の原因になっていると取ることができる。このように、原因が先に来て、そのあとに結果となる要素が並べられるのが普通である（時間的な前後関係でもある）。また、「ひっそりとした夜」に続き、その夜の中の「店舗」「ネオン」が表されている。つまり、全体的な描写（背景的な描写）、もしくは大きなものが先に来て、次にその中のもの、小さなものに焦点が当てられている。最後はその場所にいる人間の描写となっている。空間に対して、人間は焦点になりやすいが、このように場所の描写が先に来て、そのあとに人間が出てくることが多い。

　つまり、全体に対して、部分のほうが、そして動かないものや空間に対して動くもののほうが焦点になりやすく（Talmy, *Toward a Cognitive Semantics - Volume 1: Concept Structuring Systems*）、焦点になりやすいものほど連続構造では後ろに出てくる。

　この語順は、『枕草子』の有名な文章とも類似している。

　　夏は夜。月の頃はさらなり、闇もなほ、螢飛びちがひたる。雨など降るも、をかし。秋は夕暮。夕日のさして山端いと近くなりたるに、烏の寝所へ行くとて、三つ四つ二つなど、飛び行くさへあはれなり。

　この空間叙述の仕方も、まず全体が先に述べられて、次に部分へと展開している。「夜」と「月」という状況設定が先に前提としてだされて、その中の「闇」に主題を移行し、その闇を背景として「蛍」を叙述している。「秋は夕暮」から先も、「夕日」と「山端」という背景が描かれて、そこに「烏」（動くもの）が導入されている。

背景や全体を先に語る傾向にあるのはなぜだろうか。これは視点的な認知の表れではない。私たちが蛍を見るとき、認知的に際立っているのは蛍であるはずだ。まず闇を認知してから蛍を認知するわけではない。前提や全体から語りはじめて、部分や焦点に移行していく仕方は、むしろ情報伝達の問題だろう。つまり、背景的なもの（旧情報に類似）から焦点（新情報に類似）へと移っているのであり、それが「読者が解読しやすいプロセス」なのである（もちろん、これがデフォルトであるというだけであり、破ることも可能である）。

◎人物描写を表す節の連続
　人物描写では、次のような形式がよく取られる。

　医院的李血头坐在供血室的桌子后面，两只脚架在一只拉出来的抽屉上，裤裆那地方敞开着，上面的纽扣都掉光了，里面的内裤看上去花花绿绿。
　病院の李親分は供血室の机の向こう側にすわっていて、二本の足は引き出された引き出しの上にのっかり、ズボンのあの場所は全開で、上のボタンはすべて取れており、中の下着は見たところ派手な模様のようであった。（余华《许三观卖血记》）

　李親分に関する描写が「一つの文」になっている。下線を引いた節の先頭に着目すると、"两只脚（二本の足）""裤裆（チャック）""上面（上）""里面（中）"となっている。節の先頭はこのように、身体部位や、服、「上」や「中」など、場所が来ていることがわかる。いわば、登場人物の「全体」を提示した後、その人物の「一部分」を小さな主題

として提示して、その説明を行う構造をいくつも付け加えることによって人物描写を完成させるのである。

　描写の順番に着目してみると、「座っている李親分 →（李親分の一部である）二本の脚 →（脚に近接する）ズボンのチャック → チャックの上のボタン→ズボンの中」と展開していることがわかる。つまり前の節と近接しているものに少しずつ移行していることがわかる。近いものに少しずつ叙述が移っていくため、言葉が流れていくように感じるのである。

　上記の日本語への直訳は文法的には間違いではないが、こなれていない。飯塚容訳では以下のようになっている。

　　　病院の李親分は、供血室の机の向こう側にすわっていた。両足を引き出しの上にのせている。ズボンの前が全開で、ボタンもすべて取れているので、派手なパンツがのぞいていた。

　直訳の「二本の足は引き出された引き出しの上にのっかり」が「両足を引き出しの上にのせている。」に変わっている。「足」は李親分が主体的にコントロールするものなので、日本語では主語の位置にあるよりも、目的語にした方が自然になる。また、「上のボタン」「中の下着」の「上の」「中の」は削除されている。そのほうが確かに自然である。

◈ **後ろの詳細情報が連続する場合**

　中国語では節を並列的に並べていくことによって、複雑な文を作るが、他にもパターンがある。

　　　山野里很难有这种景象，这样多的蓬头垢面的娃子如分吃什么

般聚坐在一起。

山の中ではこのような光景はめったにない、<u>こんなに多くのぼさぼ
さ頭で垢だらけの子供たちが食い物にたかるようにびっしり座って
いる</u>。（阿城《孩子王》）

房间里有一种凝滞的酸臭的<u>气味</u>，<u>它来自人体、床铺和床铺下
面的搪瓷便盆</u>。
部屋のなかには鼻をつんと<u>刺激する臭い</u>が漂っていた、<u>それは人
体や、ベッドやベッドの下の琺瑯びきのオマルからのものだ</u>。
（苏童《离婚指南》）

火车驶至河北省境内时，突然出了件<u>怪事</u>，<u>有一辆货车竟然迎
面朝杨泊乘坐的客车奔驰而来</u>。
列車が河北省内を走っていたとき、突然<u>おかしな事</u>が起きた、<u>貨
物列車が突然楊泊の乗っている列車に向かって正面から猛スピー
ドで走ってきた</u>。（苏童《离婚指南》）

　一つ目の例ではまず"山野里很难有这种景象（山の中ではこのような
光景はめったにない）"と述べる。そして、その"这种景象（このような光
景）"の詳細な説明が次の節"这样多的蓬头垢面的娃子如分吃什么
般聚坐在一起。（こんなに多くのぼさぼさ頭で垢だらけの子供たちが食い物にたか
るようにびっしり座っている）"に書かれている。まず大きく対象を捉えて叙
述した上で、その詳細な情報は後ろに続き、そこまでを読点でつないで
「一つの文」にしているのだ。
　後ろに置かれた詳細情報は、直前の節の最後にくる"这种景象"

を説明したものなのだから、意味的には修飾語とも取ることができる。後ろに修飾語がつくというと、英語の関係代名詞などが思い浮かぶ。中国語は関係代名詞や that 節のようなマーカーを取ることなく、ただ並列的に並べるだけで同じような意味を表しうるのである。

　後ろの節は意味的には修飾語相当なので、日本語では「山の中では、ぼさぼさ頭で垢だらけの子供たちが、食い物にたかるようにびっしり座っているという光景はめったにない」のように、同格の連体修飾語でも表現できる。

　次の例は最初の節で「臭いが漂っていること」が述べられ、次の節からその匂いの詳細な説明が続いているのが確認できる。三つ目は“突然出了件怪事（突然おかしな事が起きた）”と、“怪事（おかしな事）”が起きたと先に述べたうえで、その詳細な情報が後続し、そこまでで「一つの文」としている。ちなみに、三つ目は日本語訳版では、次のように翻訳されている。

　　　列車が河北省内を走っていたとき、突然おかしな事が起きた。貨物列車が突然楊泊の乗っている列車に向かって正面から猛スピードで走ってきたのだ。

　このように、「突然おかしな事が起きた。」で一度文を切ったうえで、その詳細情報を「走ってきたのだ」と続けている。日本語の「のだ」には、前に出てきた様子を説明する役割があるので、中国語のこうした構造を訳すときには頻繁に使われる。意味的には「貨物列車が突然楊泊の乗っている列車に向かって正面から猛スピードで走ってくるというおかしなことが起きた」と訳出することも可能だが、連体修飾語

が長くなりすぎて読みにくい。

　以上3例は、名詞の詳細情報が後ろに続いているパターンだが、動作の詳細情報が続く場合もある。

　　秋风起，天气凉，一群群大雁往南飞，<u>一会儿排成个"一"字，</u><u>一会儿排成个"人"字，等等。</u>
　　秋風がたち、涼しくなると、雁の群れが南に向かって飛ぶ、<u>「一」</u><u>の字になったり、「人」の字になったりする</u>。（莫言《红高粱家族》）

　この例では、「南に向かって飛ぶ」と述べた後で、その様態（詳細情報）を後ろに続けている。この詳細情報は意味的には連用修飾語にすることができるので、日本語訳版は次のように翻訳している。

　　秋風がたち、涼しくなると、<u>雁の群れが「一」の字になったり、</u><u>「人」の字になったりして</u>、つぎつぎに南へ飛ぶ。

　やはり、中国語は長い修飾語を基本的にはつけたがらない。後ろに続けるのである。

◆ 後ろに判断が続く場合

　物語内で発生した出来事が叙述された後、後ろにその判断が続くことがある。語り手の判断を表すには"是"や"像"を使うことが多いが、そのような語も使わず、ただ後ろに並置されている場合も多い。

　　父亲前边那个人吭吭地咳嗽起来，<u>这个人的咳嗽声非常熟悉。</u>

父の前を行く男がゴホゴホと咳をしはじめた、この男の咳の音は耳なれたものだ。（莫言《红高粱家族》）

　この例など、言語化されているものだけを訳すと、「父の前を行く男がゴホゴホと咳をしはじめた」ことと、「この男の咳の音は耳なれたものだ」なる判断がただ並んでいるだけである。「何かを叙述する → その判断をする」は、日本語でもごく普通の順序なので、読点のところを句点にすれば自然になる。中国語では「判断対象→その判断」は分かちがたいものにされている。
　もう1例見よう。

　　老瞎子这才动了动，抓起自己的琴来摇了摇，叠好的纸片碰在蛇皮上发出细微的响声，那张药方就在琴槽里。
　　このときになって老盲人はようやく身じろぎし、自分の琴をつかんでゆすると、折りたたんだ紙が蛇皮に当たってかすかな音をたてた、あの処方箋は琴の胴内にある。（史铁生《命若琴弦》）

　この例では、老盲人の行動が描かれた後、その行動によって引き起こされる「紙が蛇皮に当たって音を立てること」が叙述されている。ここまでの展開は、時間軸に沿って起こる出来事の叙述だ。そして、最後の節で"那张药方就在琴槽里。"と、「あの処方箋が琴の胴内にある」ことが叙述されているが、これはその直前の節「紙が音を立てた」ことの理由の説明になっている。この例も、「音を立てた。」で一回切って、「あの処方箋は琴の胴内にあるのだ。」と「のだ」を使えば、このままの順序で日本語にできる。

◎読みにくい日本語訳の例

　中国語の「一つの文」をそのまま日本語にしてしまうと、規範が異なるので、読みにくくなることがある。次の例を、原文を見ずに読んでみよう。

　　枝に残っていたケヤキの葉が振動で落ち、星が姿を見せ、どの星も暗い夜に浸されて白く、大きくふやけていた。(『鬼殺し』)

　やや読みにくい。「枝に残っていたケヤキの葉が振動で落ち、星が姿を見せ」は、この場面の描写なので、「落ち」のところは連用形で接続して問題ない。しかし、つぎの「どの星も暗い夜に浸されて白く、大きくふやけていた。」は、その前に出てきた「星が姿を見せ」の「星」の説明である。中国語では、前の節に出てきたものの説明までを含めて「一つの文」にするが、日本語では並列しない方がいい。「枝に残っていたケヤキの葉が振動で落ち、星が姿を見せた。どの星も暗い夜に浸されて白く、大きくふやけていた。」と一度切るほうが標準的である。もう1例見よう。

　　それに、彼女の顔は赤黒く土色で、まるで全然洗っていないんじゃないかというほどで、それはそれでまたあの街の郊外の線路での一幕を思い出させ、俺が言いたいと思っていたことを全部押し込めさせ、突然彼女の顔を見るのも嫌になった。(『硬きこと水のごとし』)

　「それに、彼女の顔は赤黒く土色で、まるで全然洗っていないんじゃ

ないかというほどで」まで「彼女」についての描写である。次の「それはそれでまたあの街の郊外の線路での一幕を思い出させ、俺が言いたいと思っていたことを全部押し込めさせ」は、その彼女についての描写が原因となっての結果である。さらに、そのことが原因となって「突然彼女の顔を見るのも嫌になった。」という結果を生む関係なので、もともとの中国語としては一つの文にするのはまったくもって規範的である。日本語でそのまま翻訳してあると、やはり違和感がある。例えば、次のように翻訳するとより規範的になる。

　　それに、彼女の顔は赤黒く土色で、まるで全然洗っていないんじゃないかというほどだ。それはそれでまたあの街の郊外の線路での一幕を思い出させ、俺が言いたいと思っていたことを全部押し込めさせたので、突然彼女の顔を見るのも嫌になった。

　彼女の描写のところで一度切った。また、「全部押し込めさせたので」と、「ので」で接続することによって前件と後件を分けている。中国語と日本語では「一つの文」の切り方が違うので、そのパターンをよく知っておかないと、このような読みにくい翻訳を作ってしまうことがある（さらに付言すれば、「〜させ」という使役系よりも、自発や受け身に変えたほうが日本語らしくなる）。

◈ 後ろに原因・理由が続く
　同じように、ただ節が後ろに続いているだけで、何らかの出来事等に対して、そのように述べる原因・理由の意味になることもしばしばある。

不知道他是在二狗家怎样度过的，白天不开门，夜里不开灯。
彼が二狗の家でどのように過ごしているのかわからない、昼間は
戸も開かず、夜も明かりが灯ることもない。（阎连科《炸裂志》）

不知道他脑子里能呈现出什么景象，他一落生就瞎了眼睛，从
没见过这个世界。
そのときかれの脳裏にどんな光景が現出していたのかわからない、
かれは生まれながらにして目が見えず、この世界を見たことはな
かった。（史铁生《命若琴弦》）

　一つ目の例は言語化されているものをそのまま翻訳すると、「彼が二
狗の家でどのように過ごしているのかわからない、昼間は戸も開かず、
夜も明かりが灯ることもない」にしかならない。では後半の節 "白天不
开门，夜里不开灯（昼間は戸も開かず、夜も明かりが灯ることもない）" は前
半に対してどのような意味になっているだろうか。
　これは、「彼が二狗の家でどのように過ごしているのかわからない」と
判断している理由を後ろから述べているものだと考えられる。言葉を
補って翻訳するなら、「彼が二狗の家でどのように過ごしているのかわか
らない。というのも、昼間は戸も開かず、夜も明かりが灯ることもないか
らだ。」とでもなるだろう。
　同様に次の例では、まず「かれの脳裏にどんな光景が現出していた
のかわからない」と述べている。次の節を直訳すると「かれは生まれな
がらにして目が見えず、この世界を見たことはなかった。」となるので、
意味を補って解釈すると「というのも、かれは生まれながらにして目が
見えず、この世界を見たことはなかったからだ」と理解できる。もっと

単純に訳すなら、「のだ」を使って、「そのときかれの脳裏にどんな光景が現出していたのかわからない。かれは生まれながらにして目が見えず、この世界を見たことはなかったのだ。」としてもいいし、最後を「からだ」にするだけでもいいだろう。

このように原因・理由が後続する場合、日本語ではいったん原因・理由の前で切って、「というのも」のような接続詞を加えるか、「〜からだ」「のだ」などを加えて訳すことになる。中国語では、何か述べたことの原因・理由までも含めて「一つの文」にすることが多いし、特別な標識を使用せず、単純に続けるだけで成立するのである。

何か述べた後に、そう述べる原因や理由を続けるのは、おそらく人間にとって自然な順序であって、だからこそ接続表現等を何も表示しなくても原因・理由を表していると読み取ることができるのだろう。

一般に、明確な標識を用いて従属節化すると語順が自由になる。中国語は時間順序原則もそうであるが、並べるだけで表しているものは、語順を自由に変えることができない。

◈ **意合現象**

さて、先ほど見た例"不知道他是在二狗家怎样度过的，白天不开门，夜里不开灯。"の後半は、「というのも、昼間は戸も開かず、夜も明かりが灯ることもないからだ」のように解釈できるとした。中国語でこの意味を明示的につけ加えるとするなら、"因为白天不开门，夜里不开灯。"と"因为"をつけることになるだろう。

"因为"といえば、初級編の最後のほうか中級編で取り上げられるものだ。簡単な例で見てみよう。

因为今天下雨，所以我不去学校。

Yīnwèi jīntiān xià yǔ, suǒyǐ wǒ bú qù xuéxiào.

（今日は雨がふっているので、私は学校に行かない。）

　この語順を転倒させて"我不去学校，因为今天下雨。（私は学校に行かない、なぜなら今日は雨だからだ。）"とすることも可能である。中国語では本来、"因为"を使う節は、前にしか置けなかったが、逆転させられるようになったのは、欧米言語の翻訳の影響である。

　"因为〜所以（〜なので、〜だ）"の他にも、"虽然〜但是（〜だけれども〜だ）""即使〜也（たとえ〜でも）""如果〜就（もし〜なら）"のような論理的な関係を明らかにする呼応表現を中級では学習する。しかし、実際には"因为今天下雨，所以我不去学校。"のような表現よりも、"今天下雨，我不去学校。"のように、単純に並列するだけでその意味を表すことが非常に多い。このように、ただ並べるだけで表されていることを「意合」と呼ぶ。逆に"因为"のように明示的な形式を用いた接続は「形合」と呼ばれる。中国語は「意合」がとても多い言語なのである。

◈読書案内

　流水文を巡っては橋本陽介『中国語における「流水文」の研究　「一つの文」とは何か』（東方書店、2020年）を参照いただきたい。こちらにこれまでの研究史や、重要な先行研究もまとめられている。

［参考文献］

呂叔湘（1979）《汉语语法分析问题》商务印书馆

Talmy, L（2003）*Toward a Cognitive Semantics - Volume 1 : Concept Structuring Systems*,
    MIT Press.

第十章

流動する叙述と修辞構造

前章では、中国語での長い「一つの文」、とりわけ節が並列的に並んでいく構造について紹介した。日本語では「ぼくは黒板の前の教卓のところへ行って、授業用道具を置き、ゆっくり顔を上げ、学生たちを見た。」のように並列形式で続けると平板な感じになってしまい、修辞的に好まれないが、中国語ではそのようなことはないのであった。

　中国語では、並列的に節を次々に続けていく形で、修辞的な習慣も形作ってきたのである。呂叔湘は、節が連続していく構造について「流水文」と呼んだが、確かに中国語の文は「流れる水のよう」に感じられることがある。

　逆に言うと、「流水文」なる名称は、文法的な定義からくる名称ではない。むしろ、修辞的で文学的な名前の付け方である。本章では、中国語が並列的に節を並べていく方法を取りながら、どのように修辞的な習慣を形作っているのか、見ていこう。

◈「流れる水のよう」に感じられる要因

　「流れる水のよう」に感じられる要因を探っていこう。まずは次の文から見る。

　　因入山採藥，遇一老人，碧眼童顔，手執藜杖，喚角至一洞中，以天書三卷授之曰，
　　それで山に入って薬を取りに行くと、一人の老人に会った、碧眼童顔で、手には藜の杖を持っている、張角を洞窟の中へと呼ぶと、天書三巻を授けて言った。

　用例はちょっと古いが、『三国志演義』から取った。この例は、「(張角

が）山に薬を取りに行った → （張角が）老人に会った → （その老人は）
碧眼童顔だった → （その老人は）手に藜の杖を持っていた → （その老人
は）張角を洞窟の中へと呼んだ」となっていて、途中で主語が交替し
ている。一つ目、二つ目の節では張角の行動を表しているのに、その
二つ目の節の目的語である"老人"の形容が次に"碧眼童顔，手執
藜杖"と続いている。さらには、その老人の行動へと叙述が流れていっ
てしまっている。

　日本語でも「それで山に入って薬を取りに行くと、一人の老人に会っ
た。碧眼童顔で、手には藜の杖を持っている。張角を洞窟の中へと呼
ぶと、天書三巻を授けて言った。」と、句点で区切ればそのまま翻訳で
きる。だが、日本語では「一人の老人に会った。碧眼童顔で、手に
は藜の杖を持っている。」で、「老人」とその形容「碧眼童顔」までの
間に「に会った」が入り込んでしまう。中国語では"老人，碧眼童顔，
手執藜杖…"と、**"老人"が意味の上で「前の節の目的語であり、か
つ次の節の主語」になっており、あたかも蝶番のような働きをしている**
のである。もう1例見よう。

　　　故乡八月，是多雾的季节，也许是地势低洼土壤潮湿所致吧。
　　　故郷の八月は、霧の季節だ、たぶん地勢が低く土壌が湿気をお
　　　びているからだろう。（莫言《红高粱家族》）

"是多雾的季节（霧の季節だ）"は"故乡八月（故郷の八月）"を主語
としている。しかし、その先の"也许是地势低洼土壤潮湿所致吧（た
ぶん地勢が低く土壌が湿気をおびているからだろう）"はそうではない。2番目の
節「霧の季節だ」に対する説明となっている。つまり、「AはBで、（B

は）Ｃ」の構造となっているのだ。

　Ｃに当たる「たぶん地勢が低く土壌が湿気をおびているからだろう」
は、「故郷の八月」とはもう直接関係がない。中間に置かれているＢは、
Ａに対して述語になっているのに対して、Ｃに対しては意味からすれば
主語に近い役割を果たしている。ＣはＡとは直接関係していないにもか
かわらず、これで「一つの文」であり、途中で句点を打つのは不自然
になる。なぜならば、ＣはＢに対する説明なので、両者は分かちがたい
からである。

　Ｂは、このように統合されることによって述語兼主語のような働きを
担っているように感じられる。Ｂ自体は不変でありながら、Ａとの関係に
おけるＢ、さらにＢとの関係におけるＣで、その役割が変化してしまう。
このため、叙述が流れてしまうように感じられるのである。

　もう一つ重要な点がある。Ｃは、Ｂに付加されているのであって、Ａに
付加されているのではないところだ。中国語では直前の節に付加され
るだけで、その前とはもう関係を断絶していても「一つの文」にするこ
とができてしまう。そうすると、もともとはＡから始まっていたはずなのに、
いつの間にかＣに流れ着いたような感じがする。叙述が流れていって
しまったのだ。

　　小岛上并不寂寞，有时可见树上一些铁甲子乌，黑如焦炭，小
　　如拇指，叫得特别干脆宏亮，有金属的共鸣。
　　小さな島でもさして寂しくはない、樹上の鎧鳥を目にすることもあ
　　る、コークスのように真っ黒で、親指のように小さく、とりわけ高
　　い声で鳴き、金属的な共鳴が起こる。（韩少功《爸爸爸》）

最初の二つの節 "小島上并不寂寞，有时可见树上一些铁甲子乌（小さな島でもさして寂しくはない、樹上の鎧鳥を目にすることもある）" の主語はあえて言うならば「一般の人」であるが、第2節の目的語の位置に "铁甲子乌（鎧鳥）" が登場すると、続く第3節から5節まで "黑如焦炭，小如拇指，叫得特别干脆宏亮（コークスのように真っ黒で、親指のように小さく、とりわけ高い声で鳴き）" とその鳥に関する叙述が連続している。最後の "有金属的共鸣。" はその直前に出てくる "叫得特别干脆宏亮（とりわけ高い声で鳴き）" に付加されたものである。つまりここでは、「島は寂しくない（A）→ 鎧鳥も見られる（B）→ その色の形容（C）→ その形の形容（D）→ その鳴き声の形容（E）→ その鳴き声の形容の説明（F）」と流れるように展開されているのである。これを図で表すとすれば、次のようになるだろう。

```
              C
A →   B   →   D
              E   →F
```

A → B と展開した上で、その B に対して C—E が並列的に連続している。つまり C—E は A とは関係せず、B に付加されたものである。そして F は E に付加されている。このように中国語では直前の節との関係だけで新たな節を追加できる。C から先はすでに A とは直接関係しておらず、A から見れば叙述が流れていってしまったかのように感じられる。

それでも C、D、E、F は B についての形容・説明であるから、そこまでを「一つの文」にすることは中国語では普通である。比較的独立した

節が次々に前の節に付け加えられることによって「一つの文」が形成されるため、最初のほうに出てきた節とは関係をもっていなくてもいいのだ。

◈ 平板ではあるが、退屈ではない

　今見たように、「流水文」では次々に節を付加していくことができるので、後半の節が前の節と関係していないようにも見える。そして、中間にくる節が、あたかも蝶番のような役割を果たしていることがよくある。

　それぞれの節は比較的独立しているので、上下関係が生じない。このため、平板になる。平板と言うと、単調で退屈のような気がするが、そんな感じはしない。むしろ、言葉の流れにともなって、観念が流動していく。読者は、その流動する言葉の連続とともに事態を認知することになる。流動していく言葉と認知の順番について見てみよう。

　　我用手抓住，方方的一块，被来娣的热手托着。
　　私は手でつかむ、四角い物、来娣の熱い手の中にあった。
　　(阿城《孩子王》)

　真ん中の節に着目してみよう。この"方方的一块（四角い物）"は、意味的には"抓住（つかむ）"の目的語に当たる。よって、意味的には"我用手抓住了方方的一块（私は四角い物をつかんだ）"のように言ってもよさそうである。しかし、こうすると原文とは印象が変わってしまう。なぜか。

　"方方的一块（四角い物）"は単なる動詞の目的語であるだけではないからだ。最初の節で「私は手でつかむ」という動作を行ったことが

238

表される。それと並置される形で、「四角い物」という言葉が続く。この両者の目立ち方は同じくらいだ。こうすると、つかむという動作行為を行った結果として、四角い物であると人物が気づいたことが表される。

しかも、"方方的一块"は次にくる"被来娣的热手托着。"の意味上の主語にもなっている。「つかむという動作 → その動作によって認知された対象物 → その対象物の説明」と流れるようにつながっているのである。

中国語では並列的に並べられる言葉と共に、観念が流動していく点について、英語訳や日本語訳とも簡単に対照させてみよう。まずは原文とその直訳から構造を確認してみる。

> 他的坟头上已经枯草瑟瑟，曾经有一个光屁股的男孩牵着一只雪白的山羊来到这里，山羊不紧不忙地啃着坟头上的草，男孩子站在墓碑上，怒气冲冲地撒上一泡尿，然后放声高唱：
> 彼の墓ではすでに枯れ草が音をたて、かつて尻を丸出しにした男の子が一頭のまっ白な山羊を引いてここにやってきて、山羊はゆっくりと墓の上の草を食べ、男の子は墓碑の上に立ち、怒りにまかせて放尿し、それから声をはりあげて歌った。(莫言《红高粱家族》)

この例では、最初の節で「彼の墓ではすでに枯れ草が音をたて」と、主語と述語のある形で墓とその形容がされている。これが「場所」を提示する働きをしている。次に、男の子が山羊を連れて来たことがあることが語られる。3番目の節は、第2節で出てきた山羊が主語になっている。続く第4節から第6節までは男の子を主語とする動詞句の連続である。

つまり、「墓（場所の提示）→ その墓にやってくる男の子と山羊（主体の提示）→ 山羊の動作→ 墓の上に立つ男の子 → その男の子の動作」という流れが一つの出来事としてまとめ上げられていることになる。中国語としてはこのように、まず空間を提示し、そこに出現する二つのものを提示したら、その二つの行為を一つずつ描き、なおかつそれを「一つの文」としてまとめることは極めて自然である。考えてみれば、中国語のようにある一定の枠内で起こる出来事を一つのまとまりと考えるのは必ずしも不思議なことではない。

　しかし英語や日本語ではそうしたまとめ方を取るのが規範的ではないので、自然な形にするためには、工夫が必要となる。出版されている日本語訳、英語訳では次のようになっている。

　　　枯れ草が風に震えるころ、その墓に、尻を丸出しにした一人の男の子が一頭のまっ白な山羊を引いてやってきた。山羊はゆっくりと墓の上の草をはむ。男の子は墓碑の上に立ち、怒りにまかせて地べたに放尿してから、声はりあげてうたった。（井口晃訳）
　　　A bare-assed little boy once led a white billy goat up to the weed-covered grave, and as it grazed in unhurried contentment, the boy pissed furiously on the grave and sang out: (Howard Goldblatt 訳)

　日本語訳は、直訳の「彼の墓ではすでに枯れ草が音をたて」を「枯れ草が風に震えるころ」と時を表す従属節に変換し「山羊を引いてやってきた。」までで一度文を切っている。主語が「男の子」なので、「山羊」に変わる場合には、文を分ける方が規範的なのである。

　英語訳は、原文と同じく「一つの文」に訳しているが、構造は異な

240

る。A bare-assed little boy（尻を丸出しにした男の子）が一貫して動作の主体であり、その動作がいくつか and で連結されている。また、最初の節 "他的坟头上已经枯草瑟瑟" が to the weed-covered grave（草で覆われた墓まで）と埋め込まれた形に変形させられているし、山羊の動作も as it grazed in unhurried contentment と従属節に変形させられている。つまり、男の子の動作だけを「主」として、それ以外の要素である「墓」の描写や「山羊」の描写は「従」にされており、上下関係が生じている。上下関係が生じているために、「墓」や「山羊」は背景化される。

　中国語では「空間提示 → そこに現れる山羊と少年 → 山羊とその動作 → 少年の動作」と、並列的に連続していくので、提示されている場所も、山羊の動作も背景化されない。叙述の順番に従って、並列的に一つずつそれを読んでいくことになる。

　さて、それでは私がこの「流水文」に興味をもつきっかけとなった例、高行健の『霊山』の文体を見てみよう。

> 你坐的是长途公共汽车，那破旧的车子，城市里淘汰下来的，在保养的极差的山区公路上，路面到处坑坑洼洼，从早起颠簸了十二个小时，来到这座南方山区的小县城。
> おまえが乗ったのは長距離バス、その古い車体は、都市では使わなくなったもので、補修されていない山の道は、あちらこちらでこぼこで、朝はやくから十二時間揺られ、この南方の山間の県城についた。

　この例では最初の文で長距離バスというイメージを提示すると、次に焦点は古い車体に移動し、そして次のまとまりではその車体の説明に

なる。それから焦点は道に移動し、その道の説明を次の言葉のまとまりに担当させる。さらにつぎのまとまりでは道がでこぼこなことから連想される「揺れる」ことが述べられ、次のフレーズで到着が示される。バスの描写も道の描写も埋め込まれず、一つの流れの中で語られるし、後半の移動を表す動詞句と一体となることによって、静的な描写と動きが一つの言葉の流れの中で表されるのである。

「AがBであるような背景の中で人物CがDした」という場合、人物の行動が主であって、それを取り巻くものは従属する「背景」でしかなくなる。しかし「流水文」では「Aで、Bで、Cで、D」という形をとり、すべての要素は同格になってしまう。車が提示され、道が提示され、その流れの中で人物が登場する。人物が提示されたならば、その連想として次のフレーズではその行動が示される。このようにすることによって、人物の行動も空間の動きの中に溶け込むことになる。

『霊山』から、もう1例見よう。

你于是来到了这乌伊镇（人物 → 行動 → 烏伊鎮）、一条铺着青石板的长长的小街（烏伊鎮の青石の敷かれた道）、你就走在印着一道深深的独轮车辙的石板路上（その道の上を歩く人物）、一下子便走进了你的童年（歩く → 過去へ）、你童年似乎待过的同样古旧的山乡小镇。

おまえはそこでこの烏伊の町へやって来た、黒い石を敷いた長々とした道、おまえは手押し車の轍が深く刻まれた石畳の道を歩き、たちまちおまえの子ども時代に入っていった、お前の子ども時代に過ごしたらしい古い山間の町だった。

最初の節で、人物「おまえ」が烏伊鎮にやってきたことが語られる。第2節はその烏伊鎮の黒い石が引かれた道が名詞句で提示される。「流水文」ではこのように、前に出てきた要素の詳細説明（もしくは一部分）を名詞句で続けることはよくある。さらに第3節ではその道を歩く人物の行動が描かれる。第2節の道は、第1節で提示された烏伊鎮の詳細情報であると同時に、第3節の行われる場所を表しており、やはり蝶番の役目を果たす。

　さらに第4節では、過去へと歩き入ることが示されている。時間的な展開も行っているのである。そして最後の第5節では、烏伊鎮を説明する名詞句に戻っている。このようにすることで、読者としても第1節で「おまえ」が烏伊鎮に歩き入ることが示され、次にその道を認知したと思うと、その道を歩く「おまえ」がフレームインしてくる。さらに、その画面が過去の色彩を帯び、最後にその烏伊鎮の説明・判断が続くという流れが、一つの言葉の流れで示されるのである。

◈ 頂真構造と結束性

　本書で何度も言及している通り、中国語は日本語や英語などでは言語化することが形として表れにくい言語である。前章では、「意合現象」なるものを取り上げた通り、接続詞の類も使用しないことが多い。接続詞だけでなく、指示詞の使用数も少ない。接続詞や指示詞は、文と文を結束させるために使うものである。

　指示詞を使う代わりに、伝統的な修辞学で「頂真」と呼ばれた構造を使って文を結束させることがよくある。また、この頂真を使うことによってリズムもよくなる。

　頂真とは節の最後の語が、次の節の最初にくることだ。伝統的な例

から、『大学』を見る。

> 大學之道、在明明德、在親民、在止於至善。知止而后有<u>定、</u>
> <u>定而后能静、静而后能安、安而后能慮、慮而后能得。</u>
> 大学の道は、明徳を明かにするに在り、民を親にするに在り、至
> 善に止まるに在り。止まるを知って后定まる有り、定まって后能く
> 静かに、静かにして后能く安く、安くして后能く慮り、慮りて后能
> く得。

　下線を付した部分が頂真である。書き下しでも「定まる有り、定まっ
て…静かに、静かにして…安く、安くして…」となっているように、「A は
B、B は C、C は D…」の形で連なっている。現代語でも、代名詞など
で受けるのではなく、このように前に出てきた要素を繰り返すことによっ
て接続する形式がよく取られる。ここでは厳密に同じ形式をとるもの以
外も含め、広く頂真的な接続を紹介しよう。言葉が流れるように感じら
れるだろう。
　まずは空間描写の例。頂真によって、近くにあるものが次々と描写
されていく。

> 他们走到了一座木桥前，桥下是一条河流，河流向前延伸时一
> 会儿宽，一会儿又变窄了。青草从河水里生长出来，沿着河坡
> 一直爬了上去，爬进了稻田。
> 彼らは木の橋の前まで来た、橋の下は川で、川は前に向かって伸
> びるときにしばらく広くなると、またしばらく狭くなった。青草が川
> から生え出してきて、土手に沿って這い上がっていき、稲田に入っ

244

た。（余华《许三观卖血记》）

　この例では、第 1 節で木の橋に至っているが、第 2 節ではその木の
橋が参照点となり、その下に河が流れていることが語られる。すると次
の第 3 節ではその河についての説明が続く構造になっている。今、私
の説明文では「その木の橋」「その下に」と「その」を使ったが、中国
語では指示詞は一切使わずに描写を展開していることがわかる。
　厳密に同じ語句を繰り返すのではなく、一部が変更された語、もし
くは関連する語句へとつながることがある。こうすることによっても、叙
述が流れるようにつながる。

　　奶奶拉着父亲的手，颠着两只笋尖般的小脚，跑到烧酒作坊院
　　里去。当时，我家烧酒作坊院子里，摆着十几口大瓮，瓮里满
　　装着优质白酒，酒香飘遍全村。
　　祖母は父の手を引き、たけのこのような小さな足をよろめかせなが
　　ら、酒造小屋の庭へかけつけた。当時、私の家の庭には、大き
　　な甕が十数個おかれていて、その甕の中には上等な白酒が詰まっ
　　ていて、酒の香りが村全体を覆っていた。（莫言《红高粱家族》）

　この例では「大甕」が節の末尾にくると、次の節では節の頭に「大
甕の中」を表す語がきている。さらにこの節の末尾にくるのが「白酒」
で、この語から喚起されて次の節では「酒の香」が節の頭に置かれ
て話題となっている。日本語だと、「大きな甕が十数個おかれていて、
その甕の中には」のように、「その」のような指示詞を使うことが多いが、
中国語では使わない方が普通である。

頂真の構造によって時間を展開するものも見てみよう。

　　我想起十五队的队医陈清扬是北医大毕业的大夫，对针头和勾
　　针大概还能分清，所以我去找她看病，看完病回来，不到半个
　　小时，她就追到我屋里来，要我证明她不是破鞋。
　　十五隊の陳清揚が北京医科大出身の医者であることを思い出し、
　　少なくとも針のとがった先端とかぎ針の区別くらいはつくだろうと、
　　彼女のところに病気を見てもらいにいくことにした、見てもらって
　　帰ってくると、三十分もしないうちに、彼女は私を追いかけて部屋
　　までやって来て、彼女がふしだらではないことを証明しろと言った。
　　（王小波《黄金时代》）

　下線を付したところ"所以我去找她看病，看完病回来"で、節末
尾の"看病"が次の節の"看完"につながっている。時間的展開を
見ると、前半は語り手が陳清揚のところへ診察に訪れたこと、後半は
陳清揚が私のもとを訪れたことになっている。その前半と後半の分かれ
目にあるのが頂真である。まさに流れるように次のまとまりに移行してい
ると言えるだろう。

　　父亲吃螃蟹吃腻了，奶奶也吃腻了。食之无味，弃之可惜，罗
　　汉大爷就用快刀把螃蟹斩成碎块，放到豆腐磨里研碎，加盐，
　　装缸，制成蟹酱，成年累月地吃，吃不完就臭，臭了就喂罂粟。
　　やがて父が、そして祖母も蟹を食べあきてしまう。食べる気はしな
　　いが、捨てるのも惜しい、すると羅漢大爺がよく切れる包丁で蟹を
　　こまかに砕き、豆腐作りの豆引き臼にかけてすりつぶし、塩を加え

て、甕に入れ、蟹味みそを作る、その蟹みそを幾月も幾年も食べ
つづけ、食べきれぬ分は腐る、腐ると罌粟の肥やしにした。

（莫言《红高粱家族》）

　　この例の下線部は"成年累月地吃，吃不完就臭，臭了就喂罌
粟。"となっており、"吃"から喚起される"吃不完"が次の節の先頭
に立つと、述語として"臭"が導入される。またそこから喚起される要
素"臭了"が次の文の頭に来る形を取り、「食べる → 食べきれないと
臭くなる → 臭くなると罌粟に与える」と連続で展開している。このよう
に連続で時間を展開すると、リズムがよくなる。

　　頂真によって、末尾の動作等をより詳しく説明する形が取られること
もある。

　　　父亲想着的罗汉大爷去年就死了，死在胶平公路上。
　　　父が考えていた羅漢大爺は去年死んだ、膠平公路で死んだの
　　　だった。（莫言《红高粱家族》）

　　この例では、"死了"が出てくることによって、その言葉が呼び水と
なって次の節"死在〜"と続いている。意味としては第2節が第1節
を詳しく説明するパターンである。

◈ **動詞などを反復する方式**

　　中国語では同じ動詞句などを反復することによってたたみかけるよう
に叙述する修辞的な方法もある。同じような構造を反復して用いる修
辞技法を排比という。叙情性が高まることが多い。

丙崽望着这个颇象妈妈的妈妈，望着那死鱼般眼睛里的光辉，舔舔嘴唇，觉得这些嗡嗡的声音一点也不新鲜，兴冲冲地顶撞。
丙崽はこの実に媽媽らしい媽媽を見つめながら、死んだ魚のような目の光をみつめながら、唇をなめ、ぼそりぼそりと語るその声も全く変わりばえしないと思い、はりきって楯突いた。
(韩少功《爸爸爸》)

如果塞里有红白喜事，或是逢年过节，那么照规矩，大家就得唱"简"，即唱古，唱死去的人。
村に慶弔時があれば、もしくは正月や節句になると、しきたり通り、みんなで「簡」を歌う、すなわち古を歌い、亡くなった者を歌うのである。(韩少功《爸爸爸》)

　"丙崽望着这个颇象妈妈的妈妈，望着那死鱼般眼睛里的光辉"では"望着"が2回繰り返されている。「目が死んだ魚のように光る媽媽らしい媽媽を見つめながら」のように、一つにまとめるのではなく、節の連続として表している。次の例文では、"即唱古，唱死去的人"で"唱"が反復されている。これも情報としては「古と亡くなった者を歌う」のようにまとめられそうだが、そのような処理を行わず、同じような動詞句の連続として表しているのである。
　以上、「流水文」と言われたような文の修辞的な特徴を分析してきた。中国語では、複雑な文を作るのに「従属節—主節」の構造や埋め込みの手段を使うのではなく、次々に要素を連続させることによって形成する「連続」をとることが多い。「連続」では、要素が並列的に並んでいくので、その出てくる順番に従って読者も認知する。その前に出て

きた要素に対して新しい要素が付け加えられていくため、途中で意味上の主語が変わったり、静態的な描写から動態的な描写に移ったりもする。このように展開していくことが「流れる水のよう」に感じる要因であり、「流水文」なる名称が生まれた要因でもある。

　作家は、新たな表現を模索するものの、個別言語における文法や表現の習慣から自由ではない。「連続」の在り方は、中国語の複雑な「文」を考える上で、文法的にも表現論的にも重要である。

◈読書案内

　ここでは、中国語が指示語を使わず、語を反復することによって文を結束させていることを見た。結束性については、テクスト言語学という分野で研究がされている。テクスト言語学全般についてはR.de ボウグランド、W. ドレスラー『テクスト言語学入門』(池上嘉彦ほか訳、紀伊國屋書店、1984年) や、M.A.K. ハリディ、R. ハサン『テクストはどのように構成されるか　言語の結束性』(安藤貞雄ほか訳、ひつじ書房、1997年) などがよくわかる。中国語を対象としたものとしては徐赳赳《现代汉语篇章回指研究》(中国社会科学出版社、2003年)、徐赳赳《现代汉语篇章语言学》(商务印书馆、2010年) などを参照。

◈言語研究と修辞研究の接点

　第九章、第十章では、文法的な分析と修辞的な分析を組み合わせた。現代言語学と文学研究は分断されており、言語学研究は修辞的

な側面をあまり扱わないし、文学研究は文法をほとんど扱わない。現代言語学が修辞を扱わなくなっている大きな原因の一つとして、生成文法のような言語観が挙げられる。生成文法は言語学を自然科学であると自認し、歴史的・文化的な面は二次的なものに過ぎないと貶めている。生成文法が主張するように、人間の言語能力は生得的であろう。だが、個別言語の分析においては、生得的な言語能力の面よりも、やはり歴史的な偶然性の領域が大きいのではないか。例えば、本書第八章では中国語の連体修飾語の歴史的な発展について触れた。言語能力としては、名詞の前に節を置けるようになった段階で、いくらでも節は長くできたはずである。そのようなポテンシャルを有するからこそ、五四時期以降、外国語の影響を受けてすんなり連体修飾語が拡張されることになった。一方で、それ以前は長い連体修飾語の使用は限定的であった。その段階の中国語使用者は、長い連体修飾語を使おうという意識があまりなかったのであろう（原理的には可能であるにもかかわらず）。

　また、文法的には長い連体修飾語を使用することが可能であるにもかかわらず、実際には別の方法（流水文）の形式が取られることも多い。これは、修辞的にそのほうがよい、という判断が働いているからである。個別言語において、「こういう時は普通このように表現する」というような意識は、本能というよりは習慣によってつくられているのである。習慣の領域は、現代言語学が考えているよりも大きいのではないかと私は考えるのである。

◈読書案内

　本書では取り扱わなかったが、中国語を中心とした生成文法で、日本語で読めるものとしては何元建『現代中国語生成文法』(山口直人訳、好文出版、2018年) がよい。

あとがき

　私の研究遍歴は少し風変わりで、著作一覧を見ても何の研究をして
いるのかわからないと思われるかもしれないが、私の中では一貫性があ
る。

　中国語に興味をもつきっかけになったのは、中学生のときに出会った
『三国志』であった。高校進学後、高校３年生の夏休みに40日間北
京に滞在した。このときが、人生初の海外であったし、親元を離れる
のも初めてであった。外国語を実際に使用して話すのも、このときが初
めてであった。外国語を使ってコミュニケーションを取ることが、純粋
に楽しいと思うようになり、後に中国語以外の言語もたくさん学ぶことと
なった。ただ、世の中が「英語、英語」ばかりいうので、英語に罪は
ないのだが、英語が気に食わず、英語以外を中心に勉強することに
なった。

　その年の10月、高行健が中国語で書く作家としてはじめてノーベル
文学賞を受賞した。大学に入ってから、中国語学習のために高行健
の小説を読み、その作品『霊山』や「おじいさんに買った釣り竿」の
言葉のリズムに魅了された。

　ところが現代中国文学の研究は、社会や政治とのかかわり、地域研
究がメインであり、小説作品の言葉、文章を深く研究している人は、
ほとんどいなかった。今をもって、まともに現代中国語の文体論の論文
を書いている人は、見かけない。

　私には不満であった。文学は言葉の芸術であるのに、文学研究者
は誰も言葉の研究をしていない。これでよいのか、と思った。いまでも
思っている。

小説言語の秘密を解き明かすには、言語学を勉強すればよいと思った。それから集中的に言語学を学んでおり、一応公式には「文学」の専門ということになっているが、実は言語学のほうがずっと詳しい。ところが、小説言語の研究は、現代言語学の主流ではほとんど扱われていない。「文学は言語学の隣接分野である」との私の主張は、主流ではない。どう隣接しているかは、私の主著『物語における時間と話法の比較詩学——日本語と中国語からのナラトロジー』(水声社、2014年)や、一般向け書籍『「文」とは何か　愉しい日本語文法のはなし』(光文社新書、2020年) を読んでほしいと思っている。

　というわけで、私は小説言語を中心に文法と文体の研究をしているが、中国語を中心に同様の研究をしている人はほぼいない。かつての研究者を見てみると、中国語歴史文法の研究者として名高い太田辰夫は『西遊記』など、文学の研究でも知られているし、日本語の古典研究者も言語学的な研究と文学研究を同時に行っている人はいた。英語の分野では、わずかながら類似の研究を行っている研究者はいる。

　外国語や古典の場合、文学を研究するにしても、そもそも言葉自体がそのまま理解できないことが多いのだから、本来は言葉そのものを研究する必要があるはずなのだ。それに、言語学研究のほうでも、現代言語学の主流が見逃している問題が、文学的な文章の分析からは浮かび上がってくる。

　研究する人は、すでにある分野のすでにある主流の研究のディシプリンを当然のこととして受け入れがちである。だが、視点をずらして別のディシプリンから眺めると、見え方は変わる。言語学研究から文学研究を見ると、文学者とは異なって見えるし、逆もまたしかりである。言語学の理論は英語で最初に考えられて、その見方で別の言語を見

がちであるが、基準言語からいったん英語を外してみると、見え方が変わる。むしろ中国語を標準と考えて英語を見れば、別の見方ができる。

　本書は、中国語学の諸問題をできるかぎり広く取り上げ、さらなる学習を深められるようにしているが、その中で私自身の言語研究も取り上げた。さらに詳しく知りたい方は、『物語における時間と話法の比較詩学』や、『中国語における「流水文」の研究　「一つの文」とは何か』(東方書店、2020年) をぜひとも読んでほしい。

　中国語の学習者は現在、非常に多いと思われる。しかし中国語自体を言語学的・文学的に深く知ろうという人は必ずしも多くない。研究しようという人はさらに少ない。本書によって、その面白さに気づく読者が、一人でも多く生まれることを願って、結びとしたい。

参考文献

相原茂 (1990)『はじめての中国語』講談社

相原茂 (2015)『読む中国語文法』現代書館

相原茂・石田知子・戸沼市子 (2016)『Why? にこたえるはじめての中国語の文法書』新訂版、同学社

荒川清秀 (1981)「"了"のいる時といらぬ時」『中国語学』228 号、日本中国語学会

荒川清秀 (1997)『近代日中学術用語の形成と伝播　地理学用語を中心に』白帝社

荒川清秀 (2003)『一歩すすんだ中国語文法』大修館書店

荒川清秀 (2009)『中国語を歩く　辞書と街角の考現学』東方書店

荒川清秀 (2014)『中国語を歩く　辞書と街角の考現学〈パート 2〉』東方書店

荒川清秀 (2015)『動詞を中心にした中国語文法論集』白帝社

荒川清秀 (2018)『中国語を歩く　辞書と街角の考現学〈パート 3〉』東方書店

荒川清秀 (2020)『漢語の謎　日本語と中国語のあいだ』ちくま新書

市原靖久 (2018)「上古中国語の一人称代名詞"我"と"吾"について」『中国語学』265 号、日本中国語学会

石村広 (2011)『中国語結果構文の研究　動詞連続構造の観点から』白帝社

岩間一弘編著 (2019)『中国料理と近現代日本　食と嗜好の文化交流史』慶應義塾大学出版会

宇都 (2006)「"就是"と"只是"―補足注釈機能について―」『中国語学』253 号、日本中国語学会

王学群 (2007)『中国語の"V 着"に関する研究』白帝社

大石敏之 (1982)「"了"と「文終止」について」『中国語学』229 号、日本中国語学会

大木一夫 (2017)『文論序説』ひつじ書房

大河内康憲 (1997a)「複句における分句の連接関係」『中国語の諸相』白帝社

大河内康憲 (1997b)「"是"のムード特性」『中国語の諸相』白帝社

大河内康憲編 (1997)『日本語と中国語の対照研究論文集』くろしお出版

大河内康憲教授退官記念論文集刊行会編 (1997)『大河内康憲教授退官記念　中国語学論文集』東方書店

太田辰夫 (1995)『中国語文論集』汲古書院

太田辰夫 (2002)『古典中国語文法』汲古書院

太田辰夫 (2013)『中国語歴史文法』新装版、朋友書店

大原信一 (1994)『近代中国のことばと文字』東方書店

岡本俊裕 (1992)「"是"の強調について」『研究論叢』39号、京都外国語大学

奥田靖雄 (1989)「なかどめ―動詞の第二なかどめのばあい―」『ことばの科学 2』むぎ書房

小野秀樹 (2013)「中国語における連体修飾句の意味機能」『木村英樹教授還暦記念　中国語文法論叢』白帝社

影山太郎 (1996)『動詞意味論　言語と認知Iの接点』くろしお出版

影山太郎・沈力 (2011)『日中理論言語学の新展望 1　統語構造』くろしお出版

影山太郎・沈力 (2012)『日中理論言語学の新展望 2　意味と構文』くろしお出版

影山太郎・沈力 (2012)『日中理論言語学の新展望 3　語彙と品詞』くろしお出版

カールグレン, B. (2000)『中国の言語　その特質と歴史について』大原信一ほか訳、ゆまに書房

勝川裕子 (2013)『現代中国語における「領属」の諸相』白帝社

加藤徹 (2013)『白文攻略　漢文法ひとり学び』白水社

角田三枝 (2004)『日本語の節・文の連接とモダリティ』くろしお出版

木村英樹 (1982)「テンス・アスペクト：中国語」『講座日本語学』第 11 巻、明治書院

木村英樹 (1997)「動詞接尾辞"了"の意味と表現機能」『大河内康憲教授退官記念　中国語学論文集』東方書店

木村英樹 (2002)「"的"の機能拡張――事物限定から動作限定へ」『現代中国語研究』第 4 期、現代中国語研究編輯委員会

木村英樹 (2006)「「持続」・「完了」の視点を超えて―北京官話における「実存相」の提案―」『日本語文法』6 巻 2 号

木村英樹 (2012)『中国語文法の意味とかたち　「虚」的意味の形態化と構造化に

関する研究』白帝社

木村英樹 (2017)『中国語はじめの一歩』筑摩書房

木村英樹 (2019)「現代漢語文法の史的性質——現代語文法と歴史文法の接点を探る」日本中国語学会第 1 回中国語学セミナー

木村英樹 (2021)「中国語時間詞の空間性——〈過去〉と〈未来〉の空間メタファー」『時間と言語』嶋田珠巳・鍛治広真編著、三省堂

木村英樹教授還暦記念論叢刊行会編 (2013)『木村英樹教授還暦記念　中国語文法論叢』白帝社

木村英樹・生越直樹・鷲尾龍一 (2008)『ヴォイスの対照研究　東アジア諸語からの視点』くろしお出版

金水敏 (2014)『コレモ日本語アルカ?　異人のことばが生まれるとき』岩波書店

工藤真由美 (1995)『アスペクト・テンス体系とテクスト——現代日本語の時間の表現』ひつじ房

古田島洋介 (2008)「梁啓超『和文漢読法』(盧本) 簡注　復文を説いた日本語速習書」『明星大学研究紀要日本文化学部・言語文化学科』16、明星大学

呼美蘭 (1999)「小説における"V 了 O"と"VO 了"の一考察」『中国語学』246 号、日本中国語学会

黄興濤 (2021)『「她」という字の文化史』孫鹿訳、汲古書院

小松謙 (2007)『「現実」の浮上　「せりふ」と「描写」の中国文学史』汲古書院

近藤泰弘 (2000)『日本語記述文法の理論』ひつじ書房

近藤泰弘 (2005)「平安時代語の副詞節の節連鎖構造について」『国語と国文学』82 号、至文堂

今野真二 (2015)『常用漢字の歴史　教育、国家、日本語』中央公論新社

齋藤希史 (2014)『漢文脈と近代日本』角川ソフィア文庫

財前謙 (2010)『字体のはなし　超「漢字論」』明治書院

定延利之 (2016)『コミュニケーションへの言語的接近』ひつじ書房

嶋田珠巳・鍛治広真編著 (2021)『時間と言語』三省堂

志村良治 (1984)『中国中世語法史研究』三冬社

芝田稔・鳥井克之 (1985)『新しい中国語・古い中国語』光生館

下地早智子 (2002)「現代中国語におけるアスペクト助詞"了"と「文終止」問題について」『神戸外大論叢』53号、神戸市外国語大学研究会

下地早智子 (2004)「日中両語における文法現象としての視点の差異　移動動詞・受身の表現・テンス／アスペクトの場合」『神戸市外国語大学外国学研究』58号

朱春躍 (2010)『中国語・日本語音声の実験的研究』くろしお出版

朱継征 (2000)『中国語の動相』白帝社

沈国威 (1995)『『新爾雅』とその語彙　研究・索引・影印本付』白帝社

沈国威 (2008)『近代日中語彙交流史　新漢語の生成と受容』改訂新版、笠間書院

沈国威 (2008)『漢字文化圏諸言語の近代語彙の形成　創出と共有』関西大学出版部

沈国威・内田慶市 (2010)『近代東アジアにおける文体の変遷　形式と内実の相克を超えて』白帝社

鈴木直治 (1994)『中国古代語法の研究』汲古書院

鈴木直治・藤堂明保・香坂順一 (1975)『中国語と漢文　訓読の原則と漢語の特徴』光生館

島村典子 (2016)『現代中国語の移動を表す述補構造に関する研究』好文出版

杉村博文 (1982)「中国語における動詞の承前形式」『日本語と中国語の対照研究』6号、日本語と中国語対照研究会

杉村博文 (2007)「中国語と日本語における叙述基点転換の比較──全体と部分の関係を例に」『日中対照言語学研究論文集　中国語からみた日本語の特徴、日本語からみた中国語の特徴』彭飛編、和泉書院

杉村博文 (2017)『現代中国語のシンタクス』日中言語文化出版社

鈴木泰 (1992)『古代日本語動詞のテンス・アスペクト　源氏物語の分析』ひつじ書房 (改定版 1999)

鈴木泰 (2009)『古代日本語時間表現の形態論的研究』ひつじ書房

瀬戸賢一 (2017)『時間の言語学　メタファーから読みとく』筑摩書房

高橋弥守彦 (1977)「標点符号の研究─1」『大東文化大学紀要　人文科学』15

　　号

高橋弥守彦 (1999)「"我看了书"は非文と言えるだろうか」『日中言語対照研究論
　　集』創刊号、日中言語対照研究会

高橋弥守彦 (2002)「二つの"了"について」『日本語と中国語のアスペクト』日中対
　　照言語学会編、白帝社

田野村忠温 (1990)『現代日本語の文法Ⅰ　「のだ」の意味と用法』和泉書院

千葉謙悟 (2010)『中国語における東西言語文化交流――近代翻訳語の創造と伝
　　播』三省堂

陳風 (2009)『連体修飾の日中対照研究―限定的修飾を中心に―』牧歌舎

陳力衛 (2001)『和製漢語の形成とその展開』汲古書院

陳力衛 (2019)『近代知の翻訳と伝播　漢語を媒介に』三省堂

寺村秀夫 (1993)『寺村秀夫論文集Ⅱ』くろしお出版

湯廷池 (1987)『中国語変形文法研究』松村文芳訳、白帝社

藤堂明保 (1986)『漢字の話』朝日新聞社

戸内俊介 (2018)『先秦の機能語の史的発展―― 上古中国語文法化研究序説』
　　研文出版

中右実 (1994)『認知意味論の原理』大修館書店

中川正之 (2013)『漢語からみえる世界と世間』岩波書店

成戸浩嗣 (2014)『日中・日仏対照研究』好文出版

西山猛 (2014)『漢語史における指示詞と人称詞』好文出版

日中対照言語学会編 (2002)『日本語と中国語のアスペクト』白帝社

日中対照言語学会編 (2006)『中国語の補語』白帝社

日中対照言語学会編 (2008)『日本語と中国語の可能表現』白帝社

日本語記述文法研究会編 (2008)『現代日本語文法 6　第 11 部　複文』くろしお
　　出版

野田尚史・益岡隆志・佐久間まゆみ・田窪行則 (2002)『日本語の文法 4　複文と
　　談話』岩波書店

野田春美 (1997)『「の (だ)」の機能』くろしお出版

仁田義雄 (1991)『日本語のモダリティと人称』日本語研究叢書 第 1 期第 4 巻、ひ

つじ書房

仁田義雄編 (1995)『複文の研究』(上) (下) くろしお出版

橋本萬太郎 (1978)『言語類型地理論』弘文堂

橋本萬太郎 (1981)『現代博言学　言語研究の最前線』大修館書店

橋本陽介 (2008)「高行健の『靈山』における語る聲の流動と「言葉の流れ」」『日本中国学会報』60集、日本中国学会

橋本陽介 (2014)『物語における時間と話法の比較詩学――日本語と中国語からのナラトロジー』水声社

橋本陽介 (2017)『越境する小説文体――意識の流れ、魔術的リアリズム、ブラック・ユーモア』水声社

橋本陽介 (2020a)『中国語実況講義』東方書店

橋本陽介 (2020b)『中国語における「流水文」の研究　「一つの文」とは何か』東方書店

濱口英樹 (2016)「"得"字補語文について」『関西大学外国語教育フォーラム』15号、関西大学外国語教育研究機構

春木仁考・劉綺紋 (2003)「語気助詞"了"のモダリティー機能――アスペクトからモダリティーへ」『言語における時空をめぐって』大阪大学言語文化部・大阪大学大学院言語文化研究科

馮蘊澤 (2013)『中国語音声の記述と音韻論的分析』関西大学博士論文

藤井貞和 (2001)『平安物語叙述論』東京大学出版会

藤井貞和 (2010)『日本語と時間　〈時の文法〉をたどる』岩波新書

藤田保幸 (1986)「文中引用句「〜ト」による「引用」を整理する　引用論の前提として」『論集日本語研究 (1) 現代編』宮地裕編、明治書院

古川裕 (2007)「「中国語らしさ」の認知言語学的分析」『日中対照言語学研究論文集　中国語からみた日本語の特徴、日本語からみた中国語の特徴』彭飛編、和泉書院

ホッパー, P. J.・トラウゴット, E. C. (2003)『文法化』日野資成訳、九州大学出版社

堀江薫・プラシャント・パルデシ (2009)『言語のタイポロジー――認知類型論のアプローチ』研究社

前田直子 (2009)『日本語の複文——条件文と原因・理由文の記述的研究』くろしお出版

益岡隆志 (1991)『モダリティの文法』くろしお出版

益岡隆志 (1995)「連体節の表現と主名詞の主題性」『日本語の主題と取り立て』くろしお出版

益岡隆志 (1997)『複文』くろしお出版

益岡隆志 (2004)「日本語の主題」『主題の対照』くろしお出版

益岡隆志 (2008)『叙述類型論』くろしお出版

益岡隆志・大島資生・橋本修・堀江薫・前田直子・丸山岳彦編『日本語複文構文の研究』ひつじ書房

増田真理子 (2001)「〈談話展開型連体節〉—「怒った親はこどもをしかった」という言い方—」『日本語教育』109号、日本語教育学会

松本克己 (2007)『世界言語のなかの日本語——日本語系統論の新たな地平』三省堂

丸尾誠 (2005)『現代中国語の空間移動表現に関する研究』白帝社

丸尾誠 (2014)『現代中国語方向補語の研究』白帝社

丸尾誠・韓涛 (2018)「中国語の離合詞の用法について　動詞"留学"をめぐる問題」『名古屋大学人文学研究論集』1号、名古屋大学人文学研究科

南不二夫 (1974)『現代日本語の構造』大修館書店

三宅登之 (2012)『中級中国語　読みとく文法』白水社

森博達 (1997)「擬音語と音韻史」『大河内康憲教授退官記念　中国語学論文集』東方書店

守屋宏則・李軼倫 (2019)『やさしくくわしい中国語文法の基礎　改訂新版』東方書店

山口佳也 (2011)『「のだ」の文とその仲間　文構造に即して考える』三省堂

安本真弓 (2009)『現代中国語における可能表現の意味分析　可能補語を中心に』白帝社

山梨正明 (1992)『推論と照応』くろしお出版

山梨正明 (1995)『認知文法論』ひつじ書房

山梨正明（2015）『修辞的表現論——認知と言葉の技巧』開拓社

山梨正明（2016）『自然論理と日常言語——ことばと論理の統合的研究』ひつじ書房

楊凱栄（2001）「中国語の"了"について」『「た」の言語学』つくば言語文化フォーラム編、ひつじ書房

楊凱栄（2018）『中国語学・日中対照論考』白帝社

劉綺紋（2006）『中国語のアスペクトとモダリティ』大阪大学出版会

劉勲寧（2002）「中国語の前動詞節中の"了"について」『日本語と中国語のアスペクト』日中対照言語学会編、白帝社

盧濤（1997）「「在大阪住」と「住在大阪」」『大河内康憲教授退官記念　中国語学論文集』東方書店

（中国語文献）

曹逢甫（1995）《主题在汉语中的功能研究：迈向语段分析的第一步》语文出版社

陈平（1987）《汉语零形回指的话语分析》《中国语文》第 5 期

陈平（1991）《现代语言学研究：理论·方法与事实》重庆出版社

陈平（1998）《论现代汉语时间系统的三元结构》《中国语文》第 6 期

冯胜利（2003）《古汉语判断句中的系词》《古汉语研究》第 1 期

冯胜利（2005）《汉语韵律语法研究》北京大学出版社

高名凯（1957（1986））《汉语语法论》商务印书馆

龚千炎（1987）《中国语法学史稿》语文出版社（『中国語文法学史稿』鳥井克之訳、関西大学出版部、1992 年）

龚千炎（1995）《汉语的时相时制时态》商务印书馆

郭攀（2009）《二十世纪以来汉语标点符号研究》华中师范大学出版社

郭锐（1993）《汉语动词的过程结构》《中国语文》第 6 期

郭锐（1997）《过程和非过程—汉语谓词性成分的两种外在时间类型》《中国语文》第 3 期

郭锐（2002（2018））《现代汉语词类研究》商务印书馆

郭中平 (1957)《单句复句的划界问题》《中国语文》第 4 期

洪心衡 (1964)《孟子里的是字研究》《中国语文》第 4 期

何元建 (2011)《现代汉语生成语法》北京大学出版社 (山口直人訳『現代中国語生成文法』好文出版、2018 年)

贺阳 (2008)《现代汉语欧化语法现象研究》商务印书馆

胡附・文炼 (1955)《现代汉语语法探索》东方书店

胡明扬・劲松 (1989)《流水句初探》《语言教学与研究》第 4 期

胡壮麟 (1994)《语篇的衔接与连贯》上海外语教育出版社

胡壮麟・方琰 (1997)《功能语言学在中国的进展》清华大学出版社

黄河清编 (2020)《近现代汉语词源》上海辞书出版社

姜望琪 (2005)《汉语的"句子"与英语的 sentence》《解放军外国语学院学报》第 1 期

柯航 (2018)《韵律和语法》学林出版社

孔令达 (1994)《影响汉语句子自足的语言形式》《中国语文》第 6 期

黎锦熙 (1924 (1992))《新著国语文法》商务印书馆

李临定 (1986)《现代汉语句型》商务印书馆 (『中国語文法概論』宮田一郎訳、光生館、1993 年)

刘丹青编 (2012)《名词性短语的类型学研究》商务印书馆 (『中国語名詞性フレーズの類型学の研究』山田留里子他訳、日中言語文化出版社、2016 年)

刘丹青 (2003)《语序类型学与介词理论》商务印书馆 (『語順類型論と介詞理論』杉村博文ほか訳、日中言語文化出版社、2013 年)

刘探宙 (2018)《说"王冕死了父亲"句》学林出版社

刘勋宁 (1988)《现代汉语词尾"了"的语法意义》《中国语文》第 5 期

刘月华・潘文娱・故韡 (1983)《实用现代汉语语法》外语教学与研究出版社 (『現代中国語文法総覧』相原茂監訳、片山博美・守屋宏则・平井和之訳、くろしお出版、1996 年)

吕叔湘 (1942)《中国文法要略》(《吕叔湘全集》第一卷、辽宁教育出版社、2002 年)

吕叔湘 (1979)《汉语语法分析问题》商务印书馆

吕叔湘主编 (1984)《汉语语法论文集》商务印书馆

马庆株 (1981)《时量宾语和动词的类》《中国语文》第 2 期

马国彦 (2014)《现代汉语篇章组块问题研究》世界图书出版公司

聂仁发 (2009)《现代汉语语篇研究》浙江大学出版社

沈家煊 (1999)《"在"字句和"给"字句》《中国语文》第 2 期

沈家煊 (2012)《"零句"和"流水句"—为赵元任先生诞辰 120 周年而作》《中国语文》第 5 期

沈家煊 (2011)《语法六讲》商务印书馆(『現代中国語文法六講』古川裕訳、日中言語文化出版社、2014年)

沈家煊 (2016)《名词和动词》商务印书馆

史有为 (1991)《异文化的使者:外来词》吉林教育出版社

史有为 (2004)《外来词:异文化的使者》上海辞书出版社

石毓智 (2006)《语法化的动因与机制》北京大学出版社

石毓智 (2011)《语法化理论:基于汉语发展的历史》上海外语教育出版社

石毓智・李讷 (2001)《汉语语法化的历程—形态句法发展的动因和机制》北京大学出版社

宋柔 (2008)《现代汉语跨标点句句法关系的性质研究》《世界汉语教学》第 2 期

孙海英 (2009)《汉日动词谓语类非限制性定语从句对比研究》黑龙江人民出版社 (本文は日本語)

孙毓蘋 (1957)《复合句和停顿》《中国语文》第 1 期

王力 (1937)《中国文法中的系词》(《王力文集》第 16 卷、山东教育出版社、1990年)

王力 (1944)《中国语法理论》(《王力文集》第 1 卷、山东教育出版社、1984年)

王力 (1957-1958 (2015))《汉语史稿》中华书局

王洪君・李娟 (2016)《现代汉语语篇的结构和范畴研究》商务印书馆

王洪君・李榕 (2014)《论汉语语篇的基本单位和流水句的成因》《语言学论丛》商务印书馆

王宏志 (2000)《翻译与创作:中国近代翻译小说论》北京大学出版社

王文斌・赵朝永 (2017)《汉语流水句的分类研究》《当代修辞学》第 1 期

王缃 (1985)《复句・句群・篇章》陕西人民出版社

吴竟存・梁伯枢 (1992)《现代汉语句法结构与分析》语文出版社

吴士文・冯凭 (1985)《修辞语法学》吉林教育出版社

吴为章・田小琳 (2000)《汉语句群》商务印书馆

謝耀基 (1990)《現代漢語歐化語法概論》光明圖書公司

邢福义 (1996)《汉语语法学》东北师范大学出版社

邢福义 (2001)《汉语复句研究》商务印书馆

徐赳赳 (2003)《现代汉语篇章回指研究》中国社会科学出版社

徐赳赳 (2010)《现代汉语篇章语言学》商务印书馆

徐烈炯・刘丹青 (2017)《话题的结构与功能》上海教育出版社 (『主題の構造と機能』木村裕章訳、日中言語文化出版社、2017 年)

许立群 (2018)《从“单复句”到“流水句”》学林出版社

杨彩梅 (2012)《关系化对汉语句子的界定》外语教学与研究出版社

袁晖等 (2002)《汉语标点符号流变史》湖北教育出版社

张登岐 (2005)《汉语语法问题论稿》安徽大学出版社

张和友 (2012)《“是”字结构的句法语义研究—汉语语义性特点的一个视角》北京大学出版社

张和友・邓思颖 (2010)《与空语类相关的特异型“是”字句的句法、语义》《当代语言学》第 1 期

张谊生 (2004)《现代汉语副词探索》学林出版社

赵恩芳・唐雪凝 (1998)《现代汉语复句研究》山东教育出版社

朱德熙 (1978)《“的”字结构和判断句》《中国语文》

朱德熙 (1979)《与动词“给”相关的句法问题》《方言》第 2 期

朱德熙 (1982)《语法讲义》商务印书馆 (『文法講義——朱德熙教授の中国語文法要説』杉村博文・木村英樹訳、白帝社、1995 年)

朱德熙 (1985)《语法答问》商务印书馆 (『文法のはなし——朱德熙教授の文法問答』中川正之・木村英樹編訳、光生館、1986 年)

朱斌 (2009)《现代汉语小句类型联结研究》华中师范大学出版社

周韧 (2011)《现代汉语韵律与语法的互动关系研究》商务印书馆

周有光 (1979)《汉字改革概论》第 3 版、文字改革出版社 (『漢字改革概論』橘田

広国訳、日本のローマ字社、1985年)

周有光（1980）《拼音化问题》文字改革出版社

（英語文献）

Andreasen, A（1 9 8 1）*Backgrounding and Foregrounding Through Aspect in Chinese Narrative Literature*, Stanford University Dissertation.

Culicover, Peter W. & Jackendoff. , R（1 9 9 7）Semantic Subordination despite Syntactic Coordinatlon. *Linguistic lnquiry* 2 8

De Beaugrande, R & Dressler, W（1981）*Introduction to Text Linguistics*, Longman.（『テクスト言語学入門』池上嘉彦・三宮郁子・川村喜久男・伊藤たかね訳、紀伊國屋書店、1984年）

Chao, yuanren（1968）*A Grammar of Spoken Chinese*, University of California Press.

Comrie, B（1976）*Aspect: An Introduction to the Study of Verbal Aspect and Related Problems*. Cambridge University Press.（『アスペクト』山田小枝訳、むぎ書房、1988年）

Givón, T（1979）*Discourse and Syntax*, Academic Press.

Givón, T（1989）*Mind, Code and Context : essays in pragmatics*, Lawrence Erlbaum Associates.

Givón, T（1995）*Functionalism and grammar*, John Benjamins Publishing Company.

Givón, T（1997）*Grammatical Relations : a functionalist perspective*, John Benjamins Publishing company.

Halliday, M.A.K & Hasan, R（1976）*Cohesion in English,* Longman.（『テクストはどのように構成されるか　言語の結束性』安藤貞雄ほか訳、ひつじ書房、1997年）

Hopper, P（1979）Aspect and Foregrounding in Discourse, in Givon (ed.) , *Syntax and Semantics*. vol. 1 2 .

Li,C &Thompson, S（1973）Serial verb construcitons in Mandarin Chinese: Subordination or coorinations. In Corum, C. W. et al. *You take the high node and I'll take the low node : papers from the Comparative Syntax Festival, The differences between main and subordinate clauses*, 1973 . Chicago Linguistic Society.

Li, C & Thompson, S（1976）*Subject and topic*, Academic Press.

Li, C & Thompson, S（1979）*Third-Person Pronouns and Zero-Anaphora*, in Discourse and Syntax, edited by Givón, T, Academic Press.

Li, C & Thompson, S（1981）*Mandarin Chinese : a functional reference grammar*, University of California Press.

Perlmutter, David（1978）"Impersonal Passives and the Unaccusative Hypothesis," Proceedings of the Fourth Annual Meeting of the Berkeley Linguistics Society

Tai, J. H-Y（1985）Temporal Sequence and Chinese Word Order, in Haiman. J. (ed.) *Iconicity in Syntax*, John Benjamins Pub.co.（戴浩一《时间顺序和汉语的语序》《国外语言学》第 1 期, 黄河译, 1988 年）

Talmy, L（2003）*Toward a Cognitive Semantics - Volume 1 : Concept Structuring Systems*, MIT Press.

Vendler, Z（1967）*Linguistics in philosophy*. Cornell University Press

例文出典

（原文が中国語）

阿来《尘埃落定》作家出版社、2009 年

阿城《孩子王》《棋王》作家出版社、2000 年（立間祥介訳「中学教師」『チャンピオン』徳間書店、1989 年）

池莉《烦恼人生》《乌鸦之歌》春风文艺出版社、2004 年（市川宏訳「生きていくのは（上）」『中国現代小説』1 巻 16 号、1991 年、「生きていくのは（下）」『中国現代小説』1 巻 17 号、1991 年）

甘耀明《殺鬼》寶瓶文化事業股份有限公司、2009 年（白水紀子訳『鬼殺し 上』白水社、2016 年）

高行健《灵山》天地图书、2000 年（飯塚容訳『霊山』集英社、2003 年）

韩寒《长安乱》万卷出版公司、2008 年

韩少功《爸爸爸》山东文艺出版社、2001 年（加藤三由紀訳「爸爸爸」『現代中国短編集』藤井省三編、平凡社ライブラリー、1998 年）

金庸《碧血剑》（DVD）

莫言《红高粱家族》南海出版公司、1999 年 (井口晃訳『赤い高粱』岩波現代文庫、

　　　2003 年、Red Sorghum, translated by Howard Goldblatt, arrow books, 2003)

魯迅《故乡》《鲁迅小说集》人民文学出版社、2002 年 (竹内好旧訳「故郷」『阿 Q

　　　正伝・狂人日記 他十二篇 (吶喊)』岩波文庫、1955 年、竹内好新訳「故郷」『阿

　　　Q 正伝・狂人日記 他十二篇 (吶喊) 改版』岩波文庫、2013 年 kindle 版、藤井

　　　省三訳『故郷／阿 Q 正伝』光文社古典新訳文庫、2009 年)

魯迅《药》《鲁迅小说集》人民文学出版社、2002 年 (竹内好訳「薬」『阿 Q 正伝・狂

　　　人日記 他十二篇 (吶喊)』岩波文庫、1955 年)

魯迅《吶喊》新潮社、1923 年

沈从文《萧萧》《沈从文小说集》浙江文艺出版社、2002 年 (城谷武男訳「蕭蕭」『翻

　　　訳集　瞥見　沈従文』サッポロ堂書店／内山書店発売、2004 年)

史铁生《命若琴弦》《第一人称》山东文艺出版社、2001 年 (三木直大訳「命は琴の

　　　弦のように」『史鉄生　わが遥かなる清平湾他』現代中国文学選集 3、徳間書店、

　　　1987 年)

苏童《红粉》《婚姻即景》江苏文艺出版社、1993 年 (竹内良雄訳「紅おしろい」『離

　　　婚指南』コレクション中国同時代小説 4、勉誠出版、2012 年)

苏童《离婚指南》《婚姻即景》江苏文艺出版社、1993 年 (竹内良雄訳「離婚指南」

　　　『離婚指南』コレクション中国同時代小説 4、勉誠出版、2012 年)

阎连科《炸裂志》河南文艺出版社、2016 年 (泉京鹿訳『炸裂志』河出書房新社、

　　　2016 年)

阎连科《坚硬如水》长江文艺出版社、2001 年(谷川毅訳『硬きこと水のごとし』河出

　　　書房新社、2017 年)

余华《许三观卖血记》南海出版社、1998 年 (飯塚容訳『血を売る男』河出書房新社、

　　　2013 年)

王小波《黄金时代》北京十月文艺出版社、2017 年 (桜庭ゆみ子訳『黄金時代』コレ

　　　クション中国同時代小説 2、勉誠出版、2012 年)

吳明益《苦雨之地》新教典文化、2019 年

（原文が中国語以外）

安部公房『砂の女』（杨炳辰・王建新译《砂女》浙江文艺出版社、2003年）

ガブリエル・ガルシア＝マルケス『百年の孤独』鼓直訳、新潮社、1999年（范晔译《百年孤独》南海出版社、2011年、黄锦炎译《百年孤独》漓江出版社、2003年）

村上春樹『1Q84』book 1前編、新潮文庫、2012年（施小炜译《1Q84》南海出版社、2010年）

東方選書

中国語とはどのような言語か　　　　　　　　　　東方選書 59

2022年9月20日　初版第1刷発行
2023年2月20日　初版第2刷発行

著者 ───────── 橋本陽介
発行者 ─────── 山田真史
発行所 ─────── 株式会社東方書店
　　　　　　　　東京都千代田区神田神保町1-3　〒101-0051
　　　　　　　　電話(03)3294-1001
　　　　　　　　営業電話(03)3937-0300
ブックデザイン ── 鈴木一誌・吉見友希
組版 ──────── 三協美術
印刷・製本 ───── (株)シナノパブリッシングプレス

定価はカバーに表示してあります
©2022　橋本陽介　Printed in Japan

ISBN 978-4-497-22210-7　C0387

本書を無断で複写複製(コピー)することは、著作権法上での例外を除き、禁じられています。
本書をコピーされる場合は、事前に日本複写権センター(JRRC)の許諾を受けてください。
JRRC〈https://www.jrrc.or.jp　Eメール info@jrrc.or.jp　電話 (03) 3401-2382〉
小社ホームページ〈中国・本の情報館〉で小社出版物のご案内をしております。

https://www.toho-shoten.co.jp/